\알려줘/
경기도
위인!

⑫ 우리 고장 위인 찾기

알려 줘 경기도 위인!

1판 1쇄 발행 2018년 4월 5일 | **1판 6쇄 발행** 2023년 9월 5일

글 강로사 | **그림** 이수영
펴낸이 권준구 | **펴낸곳** (주)지학사
본부장 황홍규 | **편집장** 김지영 | **편집** 박보영 이지연 | **디자인** 이혜리
마케팅 송성만 손정빈 윤술옥 박주현 | **제작** 김현정 이진형 강석준 오지형
등록 2010년 1월 29일(제313-2010-24호) | **주소** 서울시 마포구 신촌로6길 5
전화 02.330.5263 | **팩스** 02.3141.4488 | **이메일** arbolbooks@jihak.co.kr
ISBN 979-11-6204-021-8 74990
ISBN 979-11-6204-005-8 74990(세트)
잘못된 책은 구입하신 곳에서 바꿔 드립니다.

 제조국 대한민국   **사용연령** 8세 이상
KC마크는 이 제품이 공통안전기준에 적합하였음을 의미합니다.

 아르볼은 '나무'를 뜻하는 스페인어. 어린이들의 마음에
담긴 씨앗을 알찬 열매로 맺게 하는 나무가 되겠습니다.

홈페이지 www.jihak.co.kr/arb/book | **포스트** post.naver.com/arbolbooks

⑫ 우리 고장 위인 찾기

\알려줘/ 경기도 위인!

글 강로사 | 그림 이수영

지학사아르볼

 펴냄 글

사회 공부의 첫걸음은
《우리 고장 위인 찾기》와 함께

이제 막 3학년이 된 아이들에게 '사회'란 매우 낯설고 어려운 개념일 거예요. 처음 만나는 사회, 쉽고 재미있게 배울 수 있는 방법이 없을까요?

《우리 고장 위인 찾기》 시리즈는 초등학교 사회 교과서의 첫 내용인 '우리 고장'을 통해 사회의 개념과 의미를 깨닫도록 만들었습니다. 고장의 위인과 함께 옛이야기, 문화유산, 지역 정보를 풍부하게 담았지요. 이 책과 함께라면 우리 고장을 더 잘 이해하고 사랑하게 되는 것은 물론, 역사와 지리에 관한 지식까지 쌓을 수 있을 거예요. 초등학교 사회, 《우리 고장 위인 찾기》로 시작해 보세요.

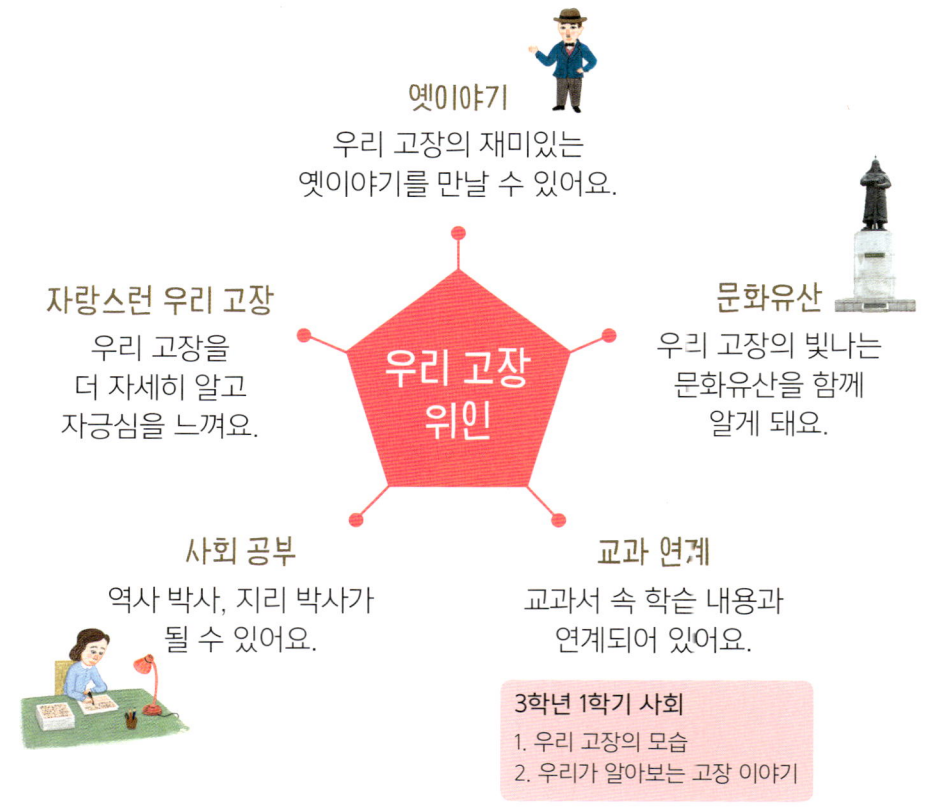

옛이야기
우리 고장의 재미있는 옛이야기를 만날 수 있어요.

자랑스런 우리 고장
우리 고장을 더 자세히 알고 자긍심을 느껴요.

문화유산
우리 고장의 빛나는 문화유산을 함께 알게 돼요.

우리 고장 위인

사회 공부
역사 박사, 지리 박사가 될 수 있어요.

교과 연계
교과서 속 학습 내용과 연계되어 있어요.

> **3학년 1학기 사회**
> 1. 우리 고장의 모습
> 2. 우리가 알아보는 고장 이야기

학교 공부에 활용하는
《우리 고장 위인 찾기》

● **학교 숙제와 조사에 활용해요.**

우리 고장 위인과 옛이야기를 찾아야 한다고요?
《우리 고장 위인 찾기》가 있다면 걱정 없어요.
알짜만 쏙쏙 뽑아낸 위인 정보는 물론 재미있는 이야기가 실려 있어요.

● **생생한 역사 체험 학습을 떠나요.**

우리 고장에 남겨진 위인의 발자취는 체험 학습의 훌륭한 길잡이가 될 거예요.
위인과 관련된 유적지부터 고장의 명소와 축제까지 다양하게 소개합니다.

  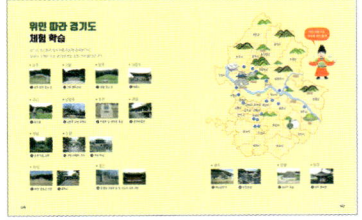

차례

경기도 소개 | 경기도는 어떤 곳일까? · 8

01 여진족을 몰아내고 동북 9성을 쌓은 고려의 명장
윤관 | 파주 · 10

02 목숨의 위협에도 지조를 지킨 고려의 학자
이집 | 성남, 여주 · 18

03 500년 조선 왕조를 일으킨 왕
이성계 | 의정부, 구리 · 28

04 이상적인 정치를 꿈꾼 조선의 개혁가
조광조 | 용인 · 36

05 임진왜란을 승리로 이끈 명장
권율 | 고양, 양주 · 44

06 세 명의 왕이 인정한 재상
이원익 | 광명 · 54

07 고통을 붓으로 풀어낸 천재 시인
허난설헌 | 광주 · 62

08
조선 시대를 대표하는 화가
김홍도 | 안산 · 72

09
조선 후기의 전성기를 이룬 왕
정조 | 화성, 수원 · 82

10
실학 사상을 완성한 학자
정약용 | 남양주, 수원 · 92

11
태양처럼 뜨거운 혁명가
여운형 | 양평 · 100

12
한국 최초의 여성 서양화가
나혜석 | 수원 · 108

13
민족의 독립을 노래한 시인
변영로 | 부천 · 118

위인 따라 경기도 체험 학습 · 126
더 알아보는 위인 | 우리도 경기도 위인이야! · 128
경기도 위인 찾기 · 132

경기도 소개

경기도는 어떤 곳일까?

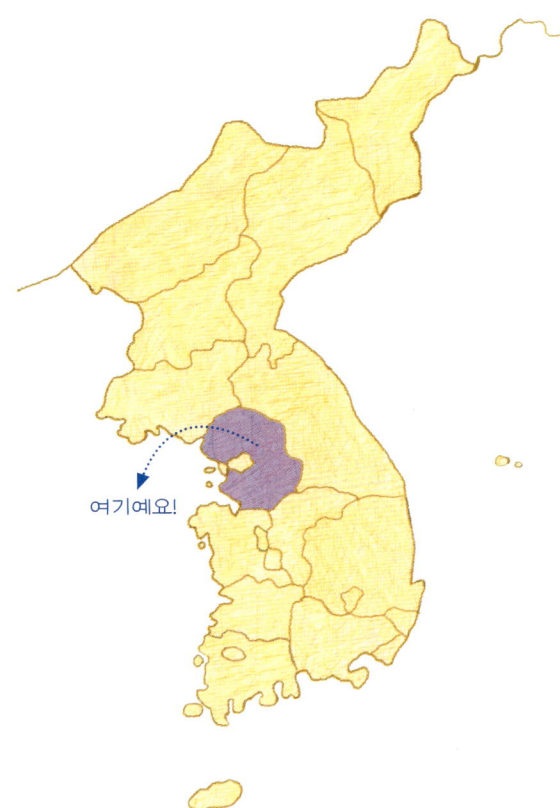
여기예요!

경기도의 역사

경기도는 중부 지방의 서쪽에 있어요. 서울특별시와 인천광역시를 둘러싸고 있으며, 북은 황해도, 동은 강원도, 남은 충청남북도에 닿아 있지요. 경기도가 하나의 지방 행정 구역으로서 오늘날과 비슷한 지역을 가리키게 된 것은 조선 시대 세종(1434년) 이후의 일이에요.

서울을 둘러싸고 있는 경기도는 교통이 발달해서 일찍부터 전국 최대의 공업 지대로 성장했어요. 서울에서 넘치는 인구를 받아들이기 위해 위성 도시*도 생겨났지요. 우리나라의 9개 도 중에서 가장 인구가 많은 곳이기도 해요. 현재 수원, 성남 등 28개 시와 연천·가평·양평 3개 군으로 이루어져 있어요.

★ **위성 도시** 대도시보다 작고 그 주변에 있으면서, 대도시의 기능을 일부 가진 도시

경기도의 자연

경기도는 땅의 모양이 동쪽은 높고 서쪽은 낮아요. 그래서 한강도 동쪽에서 서쪽으로 흐르는데, 경기도는 한강에 의해 남북으로 나뉘어요. 한강 북쪽은 소요산, 북한산 등이 솟아 있는 산간 지역이고, 한강 남쪽은 김포 평야, 평택 평야 등이 펼쳐져 있는 평야 지대이지요. 양수리(경기도 양평)에서 남한강과 북한강이 합쳐진 한강은 서울을 거쳐 서해로 흘러간답니다.

경기도의 문화유산

경기도는 조선 시대 수도인 한양의 주변 지역이어서 이와 관련된 문화유산이 많아요. 우선 수도를 방어하는 시설인 북한산성, 남한산성, 행주산성 등이 있고, 동구릉, 광릉, 융릉과 건릉, 영릉 같은 왕릉이 있어요. 그리고 왕릉을 모시는 신륵사, 용주사, 용문사를 비롯해 수종사, 회룡사 같은 유명한 절도 많지요. 남한산성과 수원 화성, 조선 왕릉은 유네스코 세계 문화유산이기도 해요.

경·기·도·위·인 | 01

여진족을 몰아내고 동북 9성을 쌓은 고려의 명장

윤관

고려 | ? ~ 1111 | 문신 출신 장군

파주는 이런 곳이에요

파주는 경기도 서북쪽에 위치한, 문화와 역사가 어우러진 도시예요. 헤이리 예술 마을과 출판 단지가 있어요. 또 파주는 북한과 맞닿아 있어서 임진각 전망대에 올라서면 북한이 보인답니다.

신하라면 마음을 다해 나라를 지켜야 하는 법. 난 고려를 위해 이 한 몸 바쳤다고!

인물 소개

고려를 괴롭히던 여진족을 무찌른 장군이에요. 윤관은 '별무반'이라는 새로운 군대를 만들어, 고려에 자주 침략해 오던 여진족을 물리쳤어요. 그리고 여진족이 쫓겨난 땅에 동북 9성을 세워서 고려의 영토를 넓혔지요.

윤관의 이모저모

- **시대**: 고려
- **태어난 곳**: 파주에서 태어났어요.
- **업적**: 동북 9성을 세웠어요.
- **직업**: 문신, 장군
- **특기**: 부대 만들기, 맛있는 음식 나눠 먹기

우리가 알아야 할 **윤관** 이야기

부하 장수를 벗으로 삼은 장군

유난히 흐린 날이었어요. 윤관은 마당으로 나와 장독대 앞에 섰어요.

"어디 한번 맛을 볼까?"

장독대 뚜껑을 열자 구수한 냄새가 확 풍겼어요. 쌀로 빚은 술이 뽀얀 색을 냈지요. 윤관이 한 국자 떠서 후루룩 들이켰어요.

"카~! 이렇게 좋은 술은 벗이랑 나누어 마셔야지!"

윤관은 병에 술을 퍼 담고는 말에 실어 집을 나섰어요. 때마침 마당으로 하인이 들어왔어요.

"대감님, 또 오연총 장군 만나러 가십니까?"

"그러하네. 조금 늦을 것이니 그리 알게."

"대단하십니다. 어떻게 부하 장수를 친구처럼 대하십니까?"

"허허, 벗이면 다 같은 벗이지, 위아래가 어디 있나? 그럼 갔다 오겠네."

윤관은 오연총과 함께 술 마실 생각을 하니 배시시 웃음이 나왔어요.

"이것도 참 인연이야. 오연총이랑 함께 여진족과 싸운 데다, 자식들끼리 혼인하면서 집안까지 이어졌으니 말이지."

그런데 갑자기 비가 세차게 내리기 시작했어요. 윤관은 서둘러 말을 몰았어요. 하지만 얼마 못 가 강둑 앞에서 멈췄어요. 비가 너무 퍼부어서 강물이 넘쳤

거든요.

"이를 어쩌면 좋나."

윤관은 말에서 내려 난감해하며 강을 내려다보았어요. 이렇게 넘치는 강물로 들어가다간 휩쓸릴 게 분명했어요.

그런데 강 너머로 익숙한 모습이 보였어요. 바로 오연총이었어요.

윤관이 소리쳤어요.

"어디 가는 길인가?"

"우리 집 술이 맛 좋게 익었기에 같이 마시려고 가던 중이었습니다."

"자네도?"

윤관과 오연총은 서로를 쳐다보며 웃었어요. 그러다 오연총이 술병을 들었어요.

"멀리서라도 한 잔 하시지요."

"그럽시다!"

윤관은 나무 밑동에 앉아서 빈 잔에 술을 따랐어요. 오연총도 잔에 술을 채웠지요. 둘은 서로를 향해 잔을 높이 들어 올리며 고개를 숙였어요.

이후 사람들은 혼인을 올린 양쪽 집안의 부모 사이를 '나무 밑동에서 절하기'라는 뜻의 한자어인 '사돈'으로 불렀답니다.

윤관의 업적 이야기

윤관은 뭘 했을까?

고려를 넘본 여진족

윤관의 대표적인 업적은 여진족 정벌이에요. 당시에 여진족은 고려에 크나큰 문제였어요. 고려 국경을 넘어와 힘없는 백성들을 짓밟았으니까요.

여진족은 만주에 사는 유목★ 민족이에요. 처음에는 고려와 맞서지 못했어요. 그런데 점점 세력을 키우더니 자신들이 섬겼던 고려를 넘보기에 이르렀지요.

★ **유목** 소·말·양·돼지 따위를 키우면서 물과 풀을 따라 옮겨 다니며 사는 것

별무반 설치

1104년 윤관은 군사를 이끌고 여진족과 전쟁을 벌였어요. 하지만 아무리 고려라도 여진족을 당해 내지 못했어요. 고려 군사들은 걸어 다녔고 여진족은 말을 탔거든요.

윤관은 당시 왕이었던 숙종에게 별무반을 만들어 달라고 요청했어요. 별무반은 걸어 다니는 보병, 말을 타는 기마병, 승려 부대인 항마군으로 이루어진 군대였어요.

1107년, 윤관은 무려 20만 군사를 이끌고 고려 국경으로 달려갔어요. 고려를 만만하게 봤던 여진족은 무시무시한 고려군에 깜짝 놀랐어요. 윤관이 이끈 별무반은 커다란 승리를 거두었지요. 이때 잡히거나 목숨을 잃은 여진족만 5천 명이 넘었어요.

동북 9성을 세움

여진족과의 전투에서 고려는 100여 개의 여진족 마을을 고려 땅으로 만들었어요. 윤관은 예종에게 건의해 그곳에 아홉 개의 성을 쌓았어요. 성을 세워 그 지역이 고려 땅임을 분명히 하고, 앞으로 여진족이 넘보지 못하게 했지요. 이 성들을 합쳐 '동북 9성'이라고 불러요.

하지만 동북 9성은 관리하기가 어려웠어요. 게다가 여진족은 조공★을 바칠 테니 동북 9성의 땅을 돌려 달라고 했지요. 결국 고려는 여진족에게 성을 내어 주었어요. 동북 9성이 세워진 지 1년 만이었지요.

★ **조공** 힘이 약한 나라가 힘이 센 나라에 때맞추어 돈이나 물건을 바치던 일

뛰어난 장군이자 학자, 관리

윤관은 장군으로 알려져 있어요. 그런데 사실 그는 문신이에요. 윤관은 군사를 이끌면서도 늘 한쪽 옆구리에 책을 끼고 다녔다고 해요.

윤관은 제11대 왕인 문종 때 과거 시험에 합격하면서 관직 생활을 시작했어요. 그러다 숙종 때 여러 일을 맡았지요. 숙종은 조카였던 헌종을 내쫓고 왕위에 오른 인물이었어요. 그래서 신하들이 잘 따르지 않았지요. 이때 숙종에게 도움을 준 신하가 윤관이었어요.

윤관은 중국의 요나라와 송나라에 가서 숙종이 왕위에 올랐다는 사실을 전했어요. 그리고 송나라에서는 역사책인 《자치통감》을 받아 왔지요. 강대국으로부터 숙종이 왕으로 인정받은 셈이에요. 숙종은 이런 공을 세운 윤관의 벼슬을 올려 주고, 그를 매우 아꼈어요.

 윤관과 함께 보기

윤관과 관련된 사람들

윤신달 (?~?) 윤관의 조상

나는 파평 윤씨의 시조*란다. 태조 왕건이 고려를 세울 때 그를 도왔지. 초기 고려가 기틀을 잡도록 노력했단다. 5대손인 윤관도 고려를 위해 업적을 남겼다지? 역시 내 피를 물려받은 후손은 달라도 뭐가 달라!

★ **시조** 한 나라나 집안의 맨 처음이 되는 조상

오연총 (1055~1116) 고려의 장수·윤관의 사돈

윤관 장군님과 나는 특별한 사이야. 나도 문신이었지만, 장군님과 함께 여진족을 무찌르는 데 나섰어. 또 장군님 아들과 내 딸이 혼인을 올려 사돈이 되었지. 나는 송나라에 가서 《태평어람》이란 백과사전을 가지고 왔단다.

척준경 (?~1144) 고려의 무신

나는 홀로 적진으로 나가 적들을 무찌른 적이 있어. 이렇게 공을 세웠건만, 복잡한 이유로 옥살이를 겪어야 했지. 그때 도와주신 분이 윤관 장군님이셔! 장군님은 나를 챙겨 주시고 여진족을 치러 갈 때도 불러 주셨어. 난 장군님이 위기에 빠지자 달려가 구한 적이 있어. 내겐 아버지 같은 분이니까!

역사 **체험 학습**

윤관의 발자취

파주 윤관 장군 묘

📍 경기도 파주시 광탄면

♦ 사적 제323호

윤관 장군이 묻힌 묘소예요. 원래 윤관의 묘소는 후손들에게 알려지지 않았다가, 조선 영조 때에 윤관의 비석 조각이 발견된 곳에서 찾았다고 전해져요. 묘 주변에는 후대에 세워진 비석과 석등이 있어요. 묘 아래에는 윤관의 영정*이 모셔져 있는 여충사란 사당이 있어요.

★ **영정** 제사나 장례를 지낼 때 쓰는, 사람 얼굴을 그린 족자

경·기·도·위·인 | 02

목숨의 위협에도 **지조***를 지킨 **고려의 학자**

이집
고려 | 1327 ~ 1387 | 학자

성남과 여주는 이런 곳이에요

성남은 서울의 인구가 계속 늘어나자 정부에서 부족한 주택 문제를 해결하기 위해 계획적으로 만든 도시예요. **여주는** 경기도 동남쪽에 있어요. 시의 중심으로 한강이 흐르며, 벼농사 등 농업이 발달하였지요.

★ **지조** 자신이 믿는 바를 지켜 나가는 꿋꿋한 의지

> 인생에서 중요한 건 사람과의 관계지. 위기가 닥쳐도 친구나 가족과 함께하면 잘 헤쳐 나갈 수 있으니까.

인물 소개

고려 말기에 활동한 학자예요. 당시 큰 권력을 쥔 승려 신돈을 비판했다가 목숨을 위협받자 1368년에 아버지를 업고 달아나 숨어 지냈어요. 나중에 관직으로 다시 돌아온 이집은 이색, 정몽주 같은 학자들과 어울리며 문학 활동을 했어요.

이집의 이모저모

생년월일 1327년 6월 2일에 태어났어요.

태어난 곳 성남에서 태어났어요.

직업 학자

호 둔촌

특기 시 쓰기, 소신 지키기, 효도하기, 친구 사귀기

★ **호** 본명 외에 편하게 부르려고 지은 이름

우리가 알아야 할 **이집** 이야기

이집의 효성과 신비로운 샘물

이집이 젊었을 때, 그의 아버지는 등에 난 커다란 종기* 때문에 고생이 이만저만 심한 게 아니었어요.

"얘야, 이놈의 종기 때문에 제대로 걷지도 눕지도 못하겠구나. 편히 누워 자 본 기억이 나질 않는다."

"아버지, 걱정 마십시오. 이 넓은 세상에 아버지 치료약이 없겠어요? 제가 반드시 찾아올게요."

말은 그렇게 했지만, 사실 그동안 약이란 약은 다 구했는데도 아무 보람이 없었어요.

'어떻게 하면 아버지를 낫게 할 수 있을까?'

이집은 끙끙 앓는 아버지 곁에서 고민을 하다가 잠시 눈을 붙였어요. 그런데 꿈에 산신령이 나타났어요.

"너의 갸륵한 정성에 큰 감동을 받았다. 몸을 깨끗이 하고 국청사라는 절에 가서 백 일 동안 기도를 드려라. 그러면 아버지의 병이 나을 것이니라."

꿈에서 깨어난 이집은 산신령이 알려 준 말을 떠올렸어요.

'아버지를 구할 수만 있다면 저승길이라도 다녀올 수 있는데 그까짓쯤이야!'

다음 날, 이집은 새벽에 일어나 머리부터 발끝까지 목욕을 했어요. 그리고 국

★ **종기** 피부의 털구멍 따위로 균이 들어가 생긴 염증

청사에 가서 아버지를 위해 기도했어요. 비가 오나 눈이 오나 한결같은 마음으로 절에 올랐지요.

그렇게 백 일이 지났어요.

'신령님, 오늘이 백 일 되는 날입니다. 부디 아버지를 보살펴 주십시오.'

이집은 크게 절을 한 다음 국청사를 나왔어요. 집으로 내려가던 중, 바위에서 무언가 반짝이는 걸 발견했어요.

이집은 궁금증이 생겨 가까이 다가갔어요. 바위틈으로 물이 조르르 흘러나와 샘물을 이루고 있었지요. 그런데 그 샘물에 금붕어가 있는 게 아니겠어요?

"거 신기하군. 자그만 샘물에 어찌 금붕어가 있지?"

금붕어는 꼬리를 살랑거리며 맑은 샘물 안을 돌아다녔어요. 이집은 신기해서 샘물과 금붕어를 떠서 집으로 돌아왔어요. 그런 다음 샘물과 금붕어를 그릇

에 넣었어요. 그릇 안을 뱅뱅 도는 금붕어를 보자니 절로 웃음이 났어요.

그날 밤이었어요. 이집의 아버지는 목이 말라 잠에서 깼어요.

"으으, 목말라."

아버지는 급한 대로 방 안을 손으로 더듬거렸어요. 그때 어떤 물그릇이 잡혔지요. 아들이 키우는 금붕어가 든 그릇이었어요.

"하, 이를 어쩐담. 그렇다고 자는 아들을 깨울 수도 없고. 안 되겠다, 우선 이거라도 조금 마시고 봐야지."

하는 수 없이 아버지는 물그릇을 들어 목을 축였어요. 그런데 갑자기 이상한 일이 벌어졌어요. 등이 마구 간지럽더니 종기들이 펑펑 터지기 시작한 거예요.

"으악! 따가워!"

아버지는 이리저리 몸을 뒤틀었어요. 종기가 터진 곳에서 피고름이 줄줄 흘러내렸어요. 그러고는 아픔이 싹 가셨어요.

아버지는 놀란 마음에 아들을 흔들어 깨웠어요.

"아들아, 일어나 보거라! 종기가 드디어 다 나았나 보다! 너무 목이 말라 금붕어가 든 물을 마셨는데 갑자기 종기가 터졌단다."

"정말요? 어디 보세요!"

이집은 벌떡 일어나 아버지의 등을 살펴보았어요. 과연 아버지 등에는 종기가 모두 사라지고 피고름으로 범벅이 되어 있었어요.

이집은 아버지의 등을 닦으며 생각했어요.

'그러고 보니 오늘이 백 일째 되는 날이지. 역시 그 샘물이 평범하지 않구나.'

등을 다 닦자 아버지가 말했어요.

"얘야, 저 금붕어 그릇에 물을 더 채워야겠다. 내가 마셔 버려서 금붕어가 노닐 곳이 줄어들었구나."

"예, 아버지."

이집은 독 안에 든 물을 금붕어에게 부어 주었어요. 그런데 금붕어의 색깔이 검게 변해 버렸어요.

"아버지, 이러다 금붕어가 죽는 게 아닌가 모르겠어요."

"금붕어를 어디서 가져왔느냐?"

"절 근처 바위틈에 난 샘물에서요."

"허허, 그 샘물에 신기한 힘이 있는가 보구나. 날이 밝는 대로 샘물을 다시 떠 넣어 주려무나."

이집과 아버지는 종기가 완전히 나을 수 있다는 희망에 들떠 기뻐했어요.

이튿날, 동이 트자마자 이집은 큰 물동이를 가지고 절로 올라가서 바위틈의 샘물을 가득 퍼 담아 왔어요. 그 물을 그릇에 부으니, 금붕어의 색깔이 원래대로 돌아왔어요.

이집은 그 물을 다시 아버지 등에 발라 주었어요. 물이 닿으니 고름이 터지고 난 뒤에 생긴 상처가 줄어들었어요. 아버지는 아들이 가져온 물을 마셨어요. 얼마쯤 시간이 지나니 등에 난 상처마저 완전히 나았어요.

"산신령님이 소원을 들어주셨구나!"

이집은 마음속으로 신령님께 감사의 기도를 올렸어요.

 **이집**의 업적 이야기

이집은 뭘 했을까?

> 효심 깊은 아들

이집은 효심이 아주 깊었어요. 어려운 때에도 늘 아버지를 모시고 다녔지요.

공민왕 17년(1368년), 이집은 신돈이라는 승려를 비판했어요. 신돈은 당시 임금에게 두터운 신임을 받으면서 나랏일을 자기 마음대로 했는데, 그에 대해 이집이 쓴소리를 했던 거예요. 신돈은 화가 나서 이집을 없앨 계획을 짰어요.

이 사실을 알아챈 이집은 몰래 달아나기로 마음먹었어요. 하지만 늙은 아버지를 두고 혼자 갈 수는 없었지요. 고민 끝에 이집은 한밤중에 아버지를 등에 업고 도망쳤어요. 몇 달 뒤, 이집은 경상북도 영천에 사는 친구인 최원도의 집에 도착했어요.

이집은 최원도가 마련해 준 곳에서 아버지와 함께 4년간 숨어 지냈어요. 도중에 아버지는 숨을 거두었어요. 평소에 이집의 효심을 잘 알았던 최원도는 친구 아버지의 장례를 크게 치러 주었어요.

옳은 것을 따른다는 뜻의 이름

이집의 이름은 원래 '이원령'이에요. 그는 4년간 숨어 지내면서 외로운 생활을 버텼어요. 기록에 따르면 이원령은 절친한 벗인 이숭인에게 그동안 자신이 죽다 살아난 듯하다고 할 정도였어요. 신돈이 죽은 뒤, 옛집으로 돌아온 그는 다시 시작하는 마음으로 이름을 '집'으로 바꾸었어요. '집'은 '항상 옳은 것을 따라야 한다.'라는 뜻의 '집의(集義)'에서 따왔어요. 집의는 《맹자》에 나오는 말이에요. 평소 이집이 맹자를 무척 존경했기 때문에 그 책에서 이름을 따온 거예요.

이름을 새로 바꾼 이집은 경기도 여주에서 자연을 벗 삼아 시를 지으며 살았어요.

이집이 남긴 시문집 《둔촌잡영》

《둔촌잡영》은 이집이 남긴 시와 글들을 모은 책(시문집)이에요. 《둔촌유고》라고도 불리는데, 총 2권으로 이루어져 있어요. 이집의 아들이자 청백리*로 꼽히는 이지직이 펴냈지요. 이 책은 가치를 인정받아 보물 제1218호로 지정되었어요. 이집은 자연스럽고 쉬운 문장으로 시를 지었어요.

《둔촌잡영》에는 이집이 절친한 친구들과 주고받은 내용들도 실려 있어요. 이집은 이숭인, 이색부터 정몽주, 정도전, 최원도 등 당시 지식인들과 두터운 우정을 나누었어요.

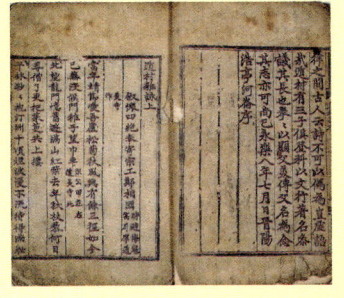

《둔촌잡영》

★ **청백리** 재물에 대한 욕심이 없이 마음이 곧고 깨끗한 관리

역사 **체험 학습**

이집의 발자취

둔촌 이집 묘역

📍 경기도 성남시 중원구

◆ 경기도 기념물 제219호

둔촌 이집 선생이 묻힌 곳이에요. 수수하고 깔끔한 무덤에서 백성을 생각하며 욕심 없이 살았던 이집의 삶을 짐작할 수 있어요. 묘 아래쪽에는 이집의 영정을 모신 추모재라는 사당이 있어요.

여주 봉서정

📍 경기도 여주시 금사면

이집이 지은 정자예요. 이곳에서 벗들과 어울리며 학문을 논했다고 전해져요.

성남의 볼거리

대광명전

봉국사

📍 경기도 성남시 수정구

봉국사는 고려 현종 때 지어진 절이에요. 시간이 흐르면서 무너져 가던 건물을 조선 시대에 다시 손보아 고쳤어요. 봉국사 안에 지어진 건물인 대광명전은 경기도 유형문화재 제101호랍니다.

망경암

📍 경기도 성남시 수정구

서울이 한눈에 내려다보이는 절이라고 해서 '망경암(望볼 망 京서울 경 庵절 암)'이라는 이름이 지어졌어요. 고려 말에서 조선 초까지 여러 왕들이 망경암에 직접 와서 나라가 아무 탈 없이 편안하기를 빌었다고 전해져요.

경·기·도·위·인 | 03

500년 조선 왕조를 일으킨 왕

이성계

조선 | 1335 ~ 1408 | 왕

의정부와 구리는 이런 곳이에요

의정부는 서울과 지하철이 이어져 있어 교통이 편리하고 군사적으로도 중요한 위치에 있어요. **구리도** 서울과 맞닿아 있고 교통이 편리한 편이에요. 유네스코 세계 유산이자, 이성계와 여러 왕들이 잠든 동구릉이 있어요.

> 내가 살던 때의 고려는 혼란스러웠어. 고민 끝에 나는 새 나라를 세우기로 했지. 나로부터 조선이 시작되었어!

인물 소개

고려 말, 이성계는 장수로서 큰 공을 세웠어요. 그런데 고려가 날로 약해지자 이성계는 큰 뜻을 품고 새로운 나라, 조선을 세웠어요. 그리고 500여 년 역사를 이어 간 조선의 기반을 닦기 위해 다양한 정책을 시도했어요.

이성계의 이모저모

- **생년월일**: 1335년에 태어났어요.
- **시대**: 고려 … 조선
- **직업**: 왕
- **별명**: 신이 내린 명궁*
- **특기**: 활쏘기, 말타기

★ **명궁** 활을 잘 쏘기로 이름난 사람

우리가 알아야 할 **이성계** 이야기

위화도에서 말 머리를 돌리다

★ **아교** 동물성 접착제 ★ **왜구** 일본에서 건너온 도적 떼

 **이성계**의 업적 이야기

이성계는 뭘 했을까?

고려에 이름을 알린 장군

이성계는 어려서부터 무술에 남다른 재능을 보였어요. 말을 잘 탔고 활 쏘는 솜씨도 뛰어났지요. 고려의 장수가 된 이성계는 아버지 이자춘과 함께 원나라를 물리쳤어요. 이 전투에서 승리해 원나라에 빼앗겼던 함흥 땅을 되찾았지요.

이성계는 최영 장군과 함께 홍건적*과 싸워 승리를 거두었어요. 그리고 1380년에는 전라북도 남원의 황산에서 왜구와의 전투에서 크게 이겼지요. 이 싸움 이후로 왜구의 기세는 한풀 꺾였어요.

★ **홍건적** 중국 원나라 말기에 일어난 도둑의 무리로, 고려를 침략하기도 했음

조선 제1대 왕 태조 이성계

왕이 된 이성계는 무학 대사의 도움으로 한양에 도읍을 정하고 궁궐을 지었어요. 그리고 새 나라의 기틀을 단단히 다지기 위해 여러 가지 정책을 펼쳤어요.

우선 전쟁으로 힘들어하는 농민들에게 곡식을 나누어 주고 농업을 발전시켰어요. 흉년이 들었을 때 곡식을 빌려주는 제도도 만들었지요. 또 불교를 억누르고 유교 사상을 내세웠어요. 고려 시대에 불교가 나라를 어지럽혔다고 판단했기 때문이지요. 그런가 하면 이성계는 인재를 키우기 위해 조선 최고의 교육 기관인 성균관을 세웠어요.

이성계와 의정부

이성계는 왕자의 난을 일으켜 왕이 된 아들 태종에게 화가 나 함경남도 함흥으로 가 버렸어요. 시간이 지나 이성계는 마음을 돌려 지금의 의정부 호원동에 와서 머물렀어요. 그때 신하들이 이성계가 있는 곳까지 와서 국가 정책들을 논의했어요. 당시 조선 시대 행정★ 기구가 이곳으로 왔던 셈이었지요. 그 행정 기구를 '의정부'라고 불렀어요. 지금의 도시 '의정부'라는 명칭은 여기서 유래되었지요.

★ **행정** 나라를 다스리는 일

구리 동구릉에 있는 묘

이성계는 자신이 묻힐 곳을 찾느라 고민이 많았어요. 아무리 봐도 적당한 곳이 보이지 않았지요. 그러던 어느 날, 이성계는 한 고개에서 여러모로 마음에 드는 장소를 발견했어요. 그는 자신의 묘를 만들 자리를 정하고 한양으로 돌아가면서 '이제 근심을 잊었다.'라며 기뻐했어요. 그 고개는 '잊을 망(忘)'에 '근심 우(憂)' 자를 써서 '망우 고개'라고 불려요.

그렇게 정한 곳이 지금의 경기도 구리시 일대예요. 이성계가 세상을 떠난 뒤에 무덤이 아주 크게 세워졌는데, 그것이 바로 동구릉이에요.

구리시에는 '왕숙천(王宿川)'이라는 하천이 있어요. 이곳도 이성계가 잠시 머물렀던 곳으로, '왕이(王) 머물던(宿) 강(川)'이라는 뜻이지요.

동구릉

 **이성계**와 함께 보기

이성계 주위의 사람들

이자춘 (1315~1361) 이성계의 아버지

원나라에서 관리를 하고 있다가, 고려로 넘어가 장수로 활약했지. 공민왕이 내게 편지를 보내 함께 원나라를 물리치자고 할 때, 아들과 함께 전쟁터에 나섰어. 그러니 우리 아들이 조선을 세운 왕이 된 건 내 덕분 아니겠어?

최영 (1316~1388) 고려 말의 장군

이성계와 함께 홍건적을 물리쳤어. 난 그가 끝까지 우리 고려를 위해 싸울 줄 알았어. 하지만 이성계가 위화도에서 군사를 돌리면서 당하고 말았지. 크흑, 이럴 줄은 몰랐는데~.

무학 대사 (1327~1405) 조선의 승려

이성계를 처음 보았을 때, 그가 큰 인물이 되리라는 것을 바로 알았어. 난 그가 조선을 세운 뒤에도 끝까지 함께했어.

이방원 (1367~1422) 조선의 제3대 왕 태종·이성계의 아들

난 너무나 왕이 되고 싶었어. 그런데 아버지는 나보다 어린 동생에게 왕위를 물려주겠다는 거야! 그래서 난 (왕자의 난)을 일으켜 왕위에 올랐지. 이 일로 아버지의 마음을 상하게 해서 죄송스러웠어. 과격한 방법을 썼지만, 난 왕이 된 뒤에 조선을 잘 통치했어. 백성들의 억울함을 풀어 주기 위해 신문고를 설치하고, 죄인을 조사하는 기구인 '의금부'도 세웠지. 조선이 자리를 잡기까지는 내 몫도 꽤 컸다고, 흠흠.

역사 **체험 학습**

이성계의 발자취

회룡사

📍 경기도 의정부시 호원동

신라 때 지어진 절이에요. 이성계와 무학 대사에 관한 이야기가 전해져요. 하나는 왕자의 난으로 화가 나서 함흥으로 떠난 이성계가 무학 대사의 설득으로 돌아오자, 무학 대사가 감격하여 절의 이름을 회룡사라고 지었다는 거예요. '회룡'은 '용이 돌아오다'라는 뜻이지요. 용은 왕을 뜻해요. 다른 하나는 이성계가 왕이 되기 전의 일이에요. 이성계는 이곳에서 3년간 무학 대사와 함께 기도를 올리다 요동 정벌을 떠났지요. 무학 대사는 혼자 남아서 계속 기도를 했어요. 나중에 이성계가 조선을 세운 뒤 무학 대사를 찾아와 이곳을 회룡사로 불렀다고 해요.

경·기·도·위·인 04

이상*적인 정치를 꿈꾼 **조선의 개혁가**

조광조

조선 | 1482 ~ 1519 | 문신, 학자

용인은 이런 곳이에요

용인은 경기도의 중남부에 있는, 농촌과 도시가 함께하는 곳이에요. 유적지와 미술관, 민속촌, 놀이공원 등 다양한 문화 관광지가 있어 해마다 국내외 관광객이 많이 찾아오지요.

★ **이상** 가장 완전하다고 생각되는 상태

머리가 좋아도 마음이 바르지 않으면 소용없어. 특히 나랏일을 하는 사람이 덕을 쌓아야 나라가 평화롭다고. 난 나라와 백성을 위해 다양한 정책을 펼쳤어.

36

인물 소개

조광조는 이상적인 정치를 펼치고 싶었어요. 임금이 덕으로 백성을 보살피고, 신하들은 자신들의 잘잘못을 깨우치며 나랏일에 최선을 다하길 바랐지요. 그는 왕의 신뢰를 얻으며 다양한 정책을 펼쳤어요. 하지만 강하게 개혁*을 밀어붙이다가 반대파의 미움을 받아 뜻을 이루지 못했답니다.

조광조의 이모저모

시대 조선

별명 중종의 남자, 나뭇잎 사나이

태어난 곳 서울에서 태어나 용인에 잠들었어요.

특기 정책 짜기, 귀신이랑 대화하기

직업 문신

★ **개혁** 제도나 기구 등을 새롭게 고치는 것

우리가 알아야 할 **조광조** 이야기

조광조에 관한 신비로운 이야기

비가 주룩주룩 내리던 어느 날, 젊은 조광조는 집에서 책을 읽고 있었어요. 천둥 번개가 치면서 비가 세차게 내리자, 그는 밖을 물끄러미 내다보았어요.

그때, 번개가 번쩍 치더니 조광조 앞에 한 소년이 나타나 엎드렸어요.

"아니, 너는 누구냐?"

"저는 가뭄을 다스리는 귀신인데, 번개에 맞아 죽게 생겼습니다. 부디 저를 구해 주십시오."

"뭐라고? 한낱 인간인 내가 어찌 귀신을 구한단 말이냐?"

"그저 눈을 감고 입만 벌리시면 됩니다. 제발 한 번만 도와주십시오."

조광조는 결국 눈을 감고 입을 벌렸어요. 그러자 가뭄 귀신은 눈 깜박할 새에 조광조의 입속으로 쏙 들어갔어요.

조금 있자, 또다시 천둥 번개가 내리치더니 천둥 신이 나타났어요.

"네놈은 가뭄 귀신이 어디 있는지 알렷다. 어서 말하라!"

"저는 모릅니다. 가뭄 귀신을 만난 적도 없어요."

갑자기 하늘에서 우렁찬 소리가 들려왔어요.

"천둥 신이여, 시간이 없소. 어서 처치하시오."

천둥 신은 하늘을 올려다보더니, 조광조를 가리키며 대답했어요.

"이 사람은 하늘이 내린 분입니다. 제가 이 분을 함부로 하지는 못합니다."

그러더니 천둥 신은 갑자기 모습을 감추었어요. 얼마 뒤 비도 점점 그쳤어요. 날씨가 개자 가뭄 귀신이 다시 조광조에게서 나왔어요.

"감사합니다! 이 은혜는 반드시 갚겠습니다!"

가뭄 귀신은 조광조에게 엎드려 절을 하고 나서 사라졌지요.

그로부터 오랜 시간이 흘렀어요. 나이가 든 조광조는 벌을 받아 귀양*을 가게 되었어요. 배를 타고 강을 건너는데 느닷없이 바람이 세차게 불어왔어요.

"아이고, 이러다가 배가 뒤집히겠구나!"

그때, 뱃머리에 검은 그림자가 앉았어요. 조광조는 그림자를 쳐다보았어요.

"아니, 너는 예전의 그 가뭄 귀신 아니냐?"

그러자 가뭄 귀신은 손가락을 입술에 대며 조용히 하라는 신호를 보냈어요. 심하게 요동치던 배도 어느덧 안정을 되찾았지요. 배에 탄 일꾼들이 조광조에게 말했어요.

"헛것을 보셨습니까? 뱃머리에는 아무것도 없었는데."

가뭄 귀신은 조광조의 눈에만 보였던 거예요. 그 뒤 배는 무사히 강을 건넜어요.

★ **귀양** 죄인을 먼 시골이나 섬으로 보내 살게 하던 벌

조광조의 업적 이야기

조광조는 뭘 했을까?

범상치 않은 성균관 학생

함경도로 유배를 온 김굉필이라는 학자가 있었어요. 조광조는 김굉필에게서 가르침을 받으며 성장했어요.
1510년, 조광조는 과거 시험에서 1등으로 합격하고 성균관을 다니면서 열심히 공부했어요. 그곳에서도 조광조는 손에 꼽히는 우수한 학생이었어요.

중종의 신뢰를 받은 신하

조선 제10대 왕인 연산군이 정치를 잘못하자, 일부 신하들은 몰래 계획을 짜 임금을 몰아냈어요. 그리고 연산군의 배다른 동생인 중종이 왕위에 올랐지요.
상황이 이렇다 보니 중종은 자신을 왕으로 세운 신하들의 눈치를 볼 수밖에 없었어요. 뜻대로 정치를 펼치지 못했지요. 그래서 중종은 새로운 신하들로 눈을 돌렸어요. 그때 중종의 마음에 든 사람이 조광조였어요. 중종은 조광조를 특별히 아꼈어요. 왕의 신임을 받은 조광조는 나라를 더 좋게 바꿀 제안들을 내놓았지요. 반대파 신하들이 그를 미워하고 질투했지만, 조광조는 거침없이 주장을 펼쳤어요.

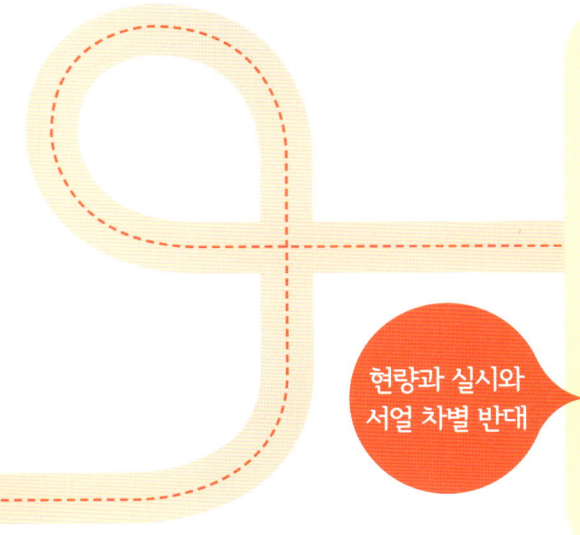

현량과 실시와 서얼 차별 반대

우선 조광조는 현량과를 실시했어요. 현량과는 인재를 뽑는 제도예요. 그는 훌륭한 관리를 뽑기에는 원래 있던 과거 제도만으로는 부족하다고 여겼지요. 그래서 몇몇 사람에게 추천을 받아 면접으로 인재를 뽑았어요. 면접 때는 주로 성품과 태도를 중심으로 심사했어요.

또한 그는 서얼 차별 제도를 없애자고 주장했어요. 서얼은 양반과 첩 사이에 태어난 자식이에요. 이들에겐 벼슬에 오르는 데도 한계가 있었지요. 단지 출신이 다르다는 이유로 말이에요.

성리학에 따른 개혁

조광조는 성리학을 무척 중요하게 여겼어요. 왕이 인자로운 마음으로 백성들을 평화로이 다스리기를 바랐지요.

조광조는 가짜 공로로 혜택을 받은 공신★들이 많으니 그들을 공신 목록에서 빼야 한다고 했어요. 그래서 4분의 3에 해당하는 공신의 업적이 없어졌답니다. 그런가 하면 임금에게 바른 소리를 하고 신하들의 잘잘못을 지적하는 기관들을 발전시켰어요.

또한 소격서를 없애자고 주장했어요. 소격서는 나라가 편안하길 바라며 하늘과 땅, 별에 드리는 제사예요. 조광조는 소격서가 성리학과는 거리가 멀다며 폐지하자고 외쳤어요. 하지만 중종은 오랫동안 궁궐에 내려온 제도이기 때문에 폐지를 반대했어요. 그런데도 조광조는 자신의 뜻을 굽히지 않았지요.

★ **공신** 나라를 위하여 특별한 공을 세운 신하

 **조광조**와 함께 보기

나뭇잎에 새겨진 수상한 글자

 조광조는 파격적으로 정책을 뜯어고쳤어요. 그러다 보니 그를 미워하는 세력들이 늘어났어요. 특히나 조광조 때문에 공신 목록에서 빠진 신하들은 그를 몰아내기 위해 계략을 꾸몄어요.

어느 날, 궁중에서 수상한 나뭇잎이 발견되었어요. 그 나뭇잎에는 '주초위왕(走肖爲王)'이라고 적혀 있었지요. 그건 '조(趙)씨 성을 가진 자가 왕이 된다.'라는 뜻이에요. 이에 신하들은 중종에게 조씨가 조광조를 뜻하며, 왕위를 지키려면 조광조를 없애야 한다고 강하게 말했어요.

중종도 뜻을 굽히지 않는 조광조가 예전만큼 마음에 들진 않던 터였어요. 결국 조광조는 유배를 당했고, 나중에는 사약을 받아 숨졌지요. 글씨가 새겨진 나뭇잎은 어떻게 된 일일까요? 그건 조광조를 미워하는 사람들이 붓에 꿀을 발라 나뭇잎에 '주초위왕'이라고 쓴 거였어요. 벌레들이 달달한 꿀을 먹으려고 파먹다 보니 그렇게 글자가 나왔지요. 열망으로 불타오르던 개혁가 조광조는 그렇게 사라졌어요.

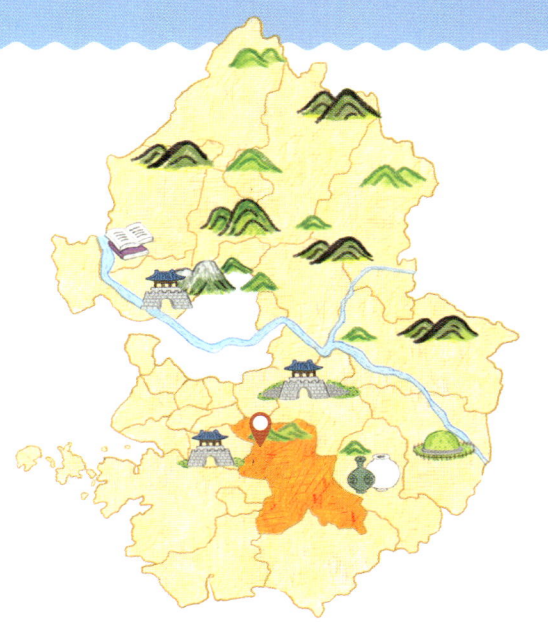

역사 **체험 학습**

조광조의 발자취

문정공 조광조 묘 및 신도비

- 경기도 용인시 수지구
- 경기도 기념물 제169호

조광조가 묻힌 곳이에요. 묘지 입구에는 신도비가 놓여 있어요. 신도비는 왕이나 신하들의 업적을 기념하는 비석이에요. 아무에게나 세워 주지 않지요. 조광조의 신도비는 선조 때 만들어졌어요. 묘 맞은편에는 심곡 서원이 있어요.

심곡 서원

- 경기도 용인시 수지구
- 사적 제530호

조광조를 추모하기 위해 세워진 서원이에요. 안에는 위패*가 모셔져 있지요. 그리고 조광조가 직접 심었다고 전해지는 500여 년 된 느티나무가 심곡 서원을 지키고 있어요.

★ **위패** 죽은 사람의 이름을 적어 모시는 나무패

경·기·도·위·인 | 05

임진왜란을 승리로 이끈 **명장**

권율
조선 | 1537 ~ 1599 | 장군

고양, 양주는 이런 곳이에요

고양은 정부가 세운 정책으로 인구가 엄청나게 늘어나면서 도시로 자리 잡았어요. 일산 호수 공원을 비롯해 대형 복합 시설들이 있어요.

양주에는 역사적으로 중요한 유산들이 남아 있어요. 특히 '양주 별산대놀이'는 국가 무형문화재로 손꼽혀요.

> 대기만성!
> 큰 그릇은 만들어지는 데 시간이 걸린다는 뜻이야.
> 나는 늦은 나이에 관직에 나아갔어.
> 하지만 누구보다도 크나큰 공을 세웠지!

인물 소개

임진왜란 3대 대첩* 중 하나인 행주 대첩을 승리로 이끈 주인공이에요. 마흔다섯 살에 관직 생활을 시작했는데, 1592년에 임진왜란이 일어나자 광주 목사*에 임명되어 나라를 지켰어요. 그러다 행주산성에서 조선군보다 훨씬 많은 일본군을 상대로 전쟁을 벌여 이겼지요. 나중에 정유재란에서도 일본군과 싸워 조선을 보호했어요.

권율의 이모저모

시대 조선

관련 장소 양주 권율 장군 묘, 고양 행주산성

태어난 곳 인천광역시 강화도에서 태어났어요.

별명 노장, 대기만성

특기 전략 세우기

★ **대첩** 큰 승리
★ **목사** 지방을 다스리던 관리

우리가 알아야 할 **권율** 이야기

쌀을 물로 변신시킨 권율의 지혜

이치 전투에서 일본군에게 크게 이긴 권율 장군은 부대를 이끌고 독산성★에 자리를 잡았어요.

"장군, 왜 바로 한성(지금의 서울)으로 들어가지 않으십니까? 이 기세를 몰아 일본군을 완전히 몰아내야 합니다!"

"다른 장군들이 패했다는 소식을 들었네. 한성으로 가면 우리만 일본군을 상대해야 할걸세. 그리고 우리 군사들도 지친 상태야. 그러니 때를 기다리세."

그런데 독산성에는 뜻밖의 약점이 있었어요.

"장군, 이곳에는 우물이 없습니다. 먹을 물이 몹시 부족한데 어떻게 할까요?"

"우선은 여기서 기다리는 게 좋겠네. 벌써 적들이 이 근처에 진을 쳤으니 우리의 약점을 들켜서는 안 되네."

하지만 이 소식은 일본군 장군에게 들어가고 말았어요.

"와하하! 그게 사실이라면 이번 승리는 우리 몫이로군. 소문이 진짜인지 시험해 봐야겠어!"

그로부터 얼마 후, 독산성으로 물 항아리를 진 말이 도착했어요. 권율 장군은 이를 보자마자 일본군이 보낸 것이라는 사실을 알았어요.

'이미 저들은 우리에게 물이 부족한 걸 알고 있어. 방법을 찾아야 해.'

★ **독산성** 현재 경기도 오산시 양산동에 있는 산성

이런저런 고민 끝에 권율 장군은 군사들에게 명령을 내렸어요.

"가장 높은 곳으로 말과 쌀 포대를 가져오도록 하라!"

갑작스런 명령에 병사들은 고개를 갸웃했어요.

"이렇게 심각한 상황에서 말과 쌀이 웬 말이지?"

"그래도 장군께서 시키신 일이니 일단은 따르기로 하자고."

잠시 후 권율 장군은 아래를 내려다보다가 지시를 내렸어요.

"이제 이 쌀들을 말에게 쏟아부어라."

그때 눈치가 빠른 병사는 미소를 지었어요.

"이봐, 이게 무슨 행동인지 자네는 아나?"

"아직도 모르겠나. 멀리서 이걸 보면 쌀이 물처럼 보일 거 아닌가."

아닌 게 아니라 멀리서 이 광경을 보던 일본군은 당황했어요.

"조선군에게 저토록 물이 많았나?"

"말을 목욕시킬 정도라니, 물이 없다는 정보는 거짓이었군. 일단은 후퇴하도록 하자."

일본군은 서둘러 그곳을 떠났어요. 권율 장군은 그들의 뒷모습을 지켜보며 한시름 놓았어요.

권율의 업적 이야기

권율은 뭘 했을까?

권율은 꽤 늦은 나이에 벼슬길에 나아갔어요. 1582년 그는 나이 마흔다섯에 과거 시험을 통과했어요. 그로부터 10년 뒤, 임진왜란이 일어나자 권율은 광주 목사가 되었어요. 그는 의병들을 모아 차근차근 훈련시켰어요.

권율이 처음으로 승리를 이끈 전투는 이치에서였어요. 이치는 전라북도 완주와 충청남도 금산의 경계를 이루는 고개로, 일본군은 이 고개를 넘어 전라도로 나아가려고 했어요. 전라도에서 엄청나게 많은 곡물이 생산되기 때문이지요.

1592년 7월 8일, 권율은 1천 5백 명의 병사들을 이끌고 그보다 훨씬 많은 일본군과 맞서 싸웠어요. 수적으로는 굉장히 불리했지요. 하지만 권율은 이치의 지형에 맞게 전술을 짰어요. 결국, 이 싸움에서 일본군은 물러나고 말았어요. 임진왜란 초기, 땅에서 벌어진 전투 중 조선이 처음으로 승리한 순간이었지요.

> 늦은 나이에 명장이 됨

> 이치 전투의 승리로 일본군은 전라도 땅을 침범하지 못했지!

역사에 남은 승리, 행주 대첩

1593년 2월 12일, 조선군과 일본군이 고양시에 있는 행주산성에서 다시 붙었어요. 이번에 일본군은 무려 3만 명이나 모였어요. 조선 병사보다 훨씬 많았지요. 권율은 화차와 총통 같은 무기를 활용했어요. 이런 무기 때문에 일본군은 힘을 쓰지 못했어요. 행주산성을 지키기 위해 군사들은 물론이고 아녀자들까지 힘을 보탰어요. 이들은 치마폭에 돌을 담아 날랐지요. 병사들은 그 돌을 성벽을 타고 오르는 일본군에게 퍼부었어요. 승리는 조선군에게 돌아갔어요. 행주 대첩 이후, 일본은 명나라와 긴급 회의에 들어갔어요. 전쟁은 잠시 휴전 상태가 되었고, 조선은 그 덕에 숨을 돌릴 수 있었어요.

선무공신 1등에 오른 권율

행주 대첩의 공로로 권율은 도원수가 되었어요. 도원수란 모든 군사를 지휘하는 대장 격의 직위예요. 1597년 일본이 다시 조선으로 쳐들어왔을 때도 권율은 도원수로서 조선의 모든 군대를 지휘했어요. 하지만 이때에는 함께 일본군에 맞서 싸우려던 명나라가 계획을 바꿔 작전을 제대로 펼칠 수 없었지요. 그래서 권율은 전라도 지역을 중심으로 일본군에 맞섰어요. 마침내 7년간의 전쟁이 끝나고 권율은 1599년에 관직에서 물러났어요. 그리고 그해 7월에 세상을 떠났지요.

나라에선 권율의 공적을 드높였어요. 그가 죽은 뒤인 1604년, 권율을 선무공신 1등에 올렸어요. 임진왜란에 공을 세운 사람들에게 주는 일종의 공로상이었어요.

권율과 함께 보기

행주 대첩 때 활약한 무기들

임진왜란 때 일본군은 조총을 갖고 있었어요. 당시 조선에는 없는 첨단 무기였지요. 그럼에도 조선은 승리를 거둘 수 있었어요. 조총에 맞설 만한 무기들이 조선에도 많았으니까요. 권율 장군이 이끈 행주 대첩에서도 여러 무기들이 빛을 발했어요. 어떤 것이 쓰였는지 알아볼까요?

화차

화차는 화살이나 총통을 동시에 여러 개 쏠 수 있게 만든 무기예요. 아래에는 수레처럼 바퀴가 있어요. 병사들이 들고 움직이면서 사용했지요. 작은 기둥이 달려서 각도를 조절할 수 있었어요.
화차에는 '신기전'이라고 불리는 무기가 달려 있었어요. 신기전은 화살처럼 생긴 무기를 한 번에 로켓처럼 발사하는 무기예요. 그래서 파괴력이 어마어마했지요.
화차는 조선 태종 때 처음 만들어졌어요. 이후 여러 번 발전을 거듭했어요. 조선 시대에는 모두 다섯 종류의 화차가 있었어요. 하지만 그때의 화차는 지금 남아 있지 않아요. 문종 때 개발된 화차가 복원되어 행주 대첩 기념관에 전시되어 있지요.

비격진천뢰

비격진천뢰는 선조 때 발명된 포탄이에요. 겉모습은 둥근 박처럼 생겼는데 무쇠로 만들어졌어요. 비격진천뢰 안에 화약과 쇳조각들을 넣고, 심지에 불을 붙이면 포탄이 터졌어요. 폭파하는 시간을 조정할 수 있어서 적을 퇴치하는 데 유용하게 쓰였어요.

총통

총통은 튼튼한 쇠로 만든 원통형 기구에 화약이나 화살 등의 무기를 넣어 발사하는 기구예요. 들고 다니면서 쏠 수 있기 때문에 전쟁에서 유용하게 쓰였지요. 조선 시대에는 천자총통, 현자총통, 소총통, 승자총통 등 다양한 총통이 개발되었어요.

천자총통

현자총통

소총통

승자총통

다양한 무기를 활용해서 일본군을 물리쳤어.

 권율과 함께 보기

권율의 가족

권철 (1503~1578) 권율의 아버지·조선 중기의 문신

난 조선 중기에 영의정을 했단다. 우리 가문은 대대로 벼슬을 했는데, 아들이 마흔이 넘도록 과거 시험을 통과하지 못해 마음고생을 좀 했지. 그런데 이렇게 길이길이 남을 명장이 될 줄은 몰랐어.

이항복 (1556~1618) 권율의 사위·조선 중기의 문신

권율 장군은 나의 장인어른이셔. 장인어른께선 평소에도 점잖으셨지. 난 임진왜란 때 외교 분야에서 활약했어.

신립 (1546~1592) 권율의 맏사위·조선 중기의 장수

난 이탕개가 이끄는 여진족 무리를 무찔렀어. 이렇게 승승장구하나 싶었지만, 임진왜란 때 충주 탄금대에서 전쟁을 벌이다가 목숨을 잃게 되었지. 나도 장인어른처럼 좀 더 신중했다면 좋았을 텐데~.

역사 **체험 학습**

권율의 발자취

권율 장군 묘

📍 경기도 양주시 장흥면

◆ 경기도 기념물 제2호

권율이 잠든 곳이에요. 권율 장군 묘 근처에는 그의 아버지와 형, 부인의 묘도 함께 모셔져 있어요.

고양 행주산성

📍 경기도 고양시 덕양구

◆ 사적 제56호

삼국 시대에 지어진 산성이에요. 이곳에서 유명한 행주 대첩이 벌어졌지요. 행주 대첩을 기리는 대첩비와 권율 장군 동상, 사당인 충장사 등이 있어요.

충장사

경·기·도·위·인 | 06

세 명의 왕이 인정한 재상

이원익

조선 | 1547 ~ 1634 | 재상

광명은 이런 곳이에요

광명은 1970년대에 산업화가 진행되면서 인구가 급격하게 늘었어요. 서울과 가깝고 교육 시설이 발달된 데다 교통이 편리한 곳이에요. 광명시에는 오리 이원익 선생의 호를 딴 길인 '오리로'가 있답니다.

> 오랫동안 높은 벼슬을 했지만 백성들과도 잘 지냈어. 백성들은 키가 작은 나를 '꼬마 정승'이라고 부르며 편하게 대했지. 정승이라고 꼭 어깨에 힘을 줄 필요 없잖아?

인물 소개

선조, 광해군, 인조 세 왕을 모신 정승이에요. 임진왜란과 정묘호란을 모두 겪으며 어려운 시기를 보냈지만, 나라를 위해 힘쓰고 백성들을 보살폈어요. 이원익은 인자하고 청렴한 성품을 지녔어요. 황희, 허목과 함께 조선 시대 3대 청백리로 꼽히지요.

이원익의 이모저모

시대 조선

생년월일 1547년에 태어났어요.

직업 문신

특기 위기에 몰린 인물 구해 주기, 제도 개혁하기, 거문고 연주하기

별명 꼬마 정승

대동법

우리가 알아야 할 **이원익** 이야기

사람 보는 눈이 뛰어난 재상

"대감!"

마당 안으로 들어오는 이원익을 보자마자 부인이 달려왔어요.

"먼젓번에 만났던 청년의 청도 거절하셨다면서요? 우리 손녀는 대체 누구와 혼인을 하라는 말인가요?"

"눈에 넣어도 아프지 않을 손녀일세. 그러니 사윗감을 고르는 데 더 신중한 게야."

"대감께서 워낙 인물 보는 눈이 높으신 건 저도 알지만 그래도……."

"허허, 걱정 말게."

이원익은 희끗희끗한 수염을 손으로 쓸며 방 안으로 들어갔어요. 부인은 애가 탔지만 남편 말을 따랐어요.

그런데 며칠 뒤, 하인이 집 안으로 웬 청년을 들였어요. 그는 소매가 너덜너덜하고 갓도 해져 있었어요. 이원익은 반갑게 웃으며 청년을 맞이했어요.

"내 자네와 할 말이 있으니 잠시 안으로 드세."

청년은 어리둥절해하며 이원익을 따라 들어갔어요.

"대감께서 무슨 영문이시지? 설마……."

부인은 마당에서 초조하게 기다렸지요. 청년이 나간 뒤에, 이원익이 밝은 표정으로 부인에게 말했어요.

"드디어 손녀의 신랑을 찾았소. 이 젊은이는 장차 훌륭한 인물이 될 거요."

"아니, 대감. 집안도 재산도 별 볼 일 없는 자에게 우리 손녀를 어떻게 보낸단 말씀이에요?"

"내 말을 믿어 주시오. 나중에 이유를 알게 될 거요."

이원익의 말대로 손녀는 그 청년과 혼인식을 올렸어요.

그러던 어느 날, 부인은 하인이 밥상을 들고 손녀사위가 있는 곳으로 들어가는 것을 보았어요. 하인이 문을 똑똑 두드리고 상을 안으로 들이려고 했지요. 그런데 손녀사위가 벌떡 일어나 두 손으로 밥상을 받았어요. 깜짝 놀란 하인이 물었어요.

"어찌 종이 건네는 밥상을 두 손으로 받으십니까?"

"음식은 사람에게 가장 소중하네. 그러니 대충 받을 수야 없지."

멀리서 지켜본 부인이 흐뭇해하며 고개를 끄덕였어요.

"집안이 가난해도 생각이 깬 청년이로군. 역시 대감께선 진정으로 사람됨을 꿰뚫어 보신 게야!"

이 청년의 이름은 '허목'이에요. 그는 나중에 우의정에까지 올랐지요.

 **이원익**의 업적 이야기

이원익은 뭘 했을까?

백성이 존경하는 정승

1587년 이원익은 황해도 안주 목사로 부임했어요. 그는 우선 곡식을 꾸어 와 농사꾼들에게 나눠 주고는 이 곡식으로 농사를 짓도록 권장했어요. 또 누에 기르는 사업을 널리 퍼뜨렸어요. 누에를 기르면 누에고치에서 실을 자아낼 수 있었어요. 그런가 하면 병사들의 근무 기간도 줄여 주었지요. 이원익 덕분에 안주는 번성한 지역이 되었어요.
백성들은 이원익을 무척 따랐어요. 그리고 그를 위해 생사당을 세웠지요. 생사당은 공덕을 쌓은 관리를 기리기 위해 그 사람이 살아 있을 때 세우는 사당이에요.

혼란 속에서 소신을 지킴

이원익이 관직을 지낸 시기는 매우 혼란스러웠어요. 조선을 뒤흔든 전쟁이 연이어 일어났고, 조정 신하들은 패가 갈려 서로를 죽이려 들었지요. 그 속에서 이원익은 소신을 지켰어요.
임진왜란 때 그는 이순신을 끝까지 믿고 지지했어요. 지금이야 조선 최고의 장군으로 인정받지만, 당시 이순신은 모함을 받아 지방으로 쫓겨나는 등 벌을 받았어요. 또 이원익은 광해군이 왕의 자리에서 쫓겨난 뒤에도 그를 변호했어요. 다른 신하들은 광해군을 없애자고 주장했지만, 이원익만은 강하게 반대했어요. 결국 광해군은 목숨을 건졌지요.

백성의 시름을 덜은 대동법

조선 백성들은 각 지역에서 나는 특산물을 나라에 세금으로 바쳤어요. 사과, 김 같은 것으로 말이에요. 이걸 '공납'이라고 해요. 그런데 자연재해 등으로 특산물을 수확하지 못하면 다른 곳에서 꾸어서라도 나라에 내야 했지요. 문제는 여기서 발생해요. 다른 곳에서 가져올 때 중간 상인들이 특산물의 값을 훨씬 비싸게 받았거든요. 백성들은 공납 제도 때문에 무척 힘들어했어요. 그래서 이원익은 광해군에게 '대동법'을 제안했어요. 대동법은 쌀이나 돈, 무명 같은 것으로 세금을 내는 것이에요. 굳이 특산물을 내지 않아도 되니 백성들의 시름을 덜 수 있었지요. 대동법은 처음에는 경기도에만 시행되었다가 이후 전국적으로 실시되었지요.

대동법 실시 전과 후

3대 왕에 걸쳐 영의정을 지내다

선조, 광해군, 인조 때까지 이원익은 영의정을 지냈어요. 영의정은 요즘으로 치면 국무총리에 해당하는 자리예요. 조선에서 가장 높은 벼슬이었어요. 왕들도 이원익이 진심으로 나라와 백성을 위하는 마음으로 정치를 한다는 걸 알았던 것이지요.

이원익은 남은 삶을 광명에서 보냈어요. 오랫동안 관직에 머물렀는데도 그는 초가집에서 살았어요. 자신을 위해 부를 쌓지 않고, 오로지 나라와 백성을 생각했기 때문이지요.

 **이원익**과 함께 보기

이원익 주위의 사람들

허목 (1595~1682) 이원익의 손녀사위·조선의 문신

이원익 선생님은 이것저것 가르쳐 주시는 등 나를 각별히 챙겨 주셨어. 그 덕분에 나도 학문에 깊이 빠져들었지. 나는 우의정까지 지냈지만, 정치 싸움에 넌더리가 나서 벼슬에서 물러나 경기도 연천에서 제자들을 가르쳤어.

이준경 (1499~1572) 이원익의 스승

이원익을 성균관에서 처음 봤어. 그때 그는 젊은데도 생각의 깊이가 남다르고 성품이 고왔어. 이원익이 아플 때 임금께 산삼을 내려 달라고 청한 적도 있지. 나는 그처럼 청렴한 관리를 본 적 없네.

인조 (1595~1649) 조선의 제16대 왕

나는 광해군을 몰아내고 왕위에 올랐어. 신하지만 이원익을 존경했단다. 그의 청렴함을 백성과 신하들이 본받았다면 나라의 걱정거리가 절반은 사라졌겠지. 그토록 오래 벼슬을 지냈는데 고작 초가집에 산다니, 마음이 아파서 그를 위해 집을 지어 주었어. 백성과 신하들이 이원익의 성품을 보고 느끼라는 의미에서 그 집을 '볼 관(觀)' 자에 '느낄 감(感)' 자를 써서 '관감당'이라고 불렀어.

역사 **체험 학습**

이원익의 발자취

충현 박물관

📍 경기도 광명시 소하동
☎ 02)898-0505

이원익을 기리기 위해 그의 후손들이 세운 박물관이에요. 이원익의 친필 유서와 생전에 사용했던 물품 등이 전시되어 있어요. 박물관 근처에는 이원익의 후손이 살았던 오리 이원익 종택 및 관감당, 이원익의 영정을 보관해 둔 사당인 '오리 이원익 영우' 등도 함께 만나 볼 수 있어요.

충현 박물관

관감당(경기도 문화재자료 제90호)

관감당 앞마당의 바위에서 나는 거문고를 켜곤 했단다.

오리 이원익 영우(경기도 유형문화재 제161호)

경·기·도·위·인 | 07

고통을 붓으로 풀어낸 **천재 시인**

허난설헌

조선 | 1563 ~ 1589 | 시인

광주는 이런 곳이에요

광주는 수도권에서 문화 유적지가 많은 곳 중 하나예요. 구석기 유물부터 절, 궁궐터, 남한산성까지 다양한 문화재를 만나 볼 수 있어요. 또한 서울에서 부산으로 통하는 도로가 지나가서 교통이 편리해요.

> 조선 시대엔 여자로 태어났단 이유로 집에서 살림만 해야 했어. 남자들과는 달리 밖으로 돌아다니기조차 어려웠지. 난 그때의 서러움을 시로 풀어내면서 달랬단다.

인물 소개

자유로운 분위기의 양반집에서 태어났어요. 허난설헌의 오빠는 동생의 뛰어남을 알아보고 선생님을 소개했어요. 하지만 그녀는 광주로 시집가면서 외로운 세월을 보내야 했죠. 시댁과의 마찰도 잦았어요. 허난설헌은 시를 쓰며 외로움을 달랬어요. 이때 남긴 글들은 먼 훗날 외국 사람들에게도 감동을 주었어요.

허난설헌의 이모저모

- **태어난 곳**: 강원도 강릉에서 태어났어요.
- **직업**: 시인, 예술가
- **본명**: 허초희 ('난설헌'은 호)
- **특기**: 시 쓰기, 상상하기

우리가 알아야 할 **허난설헌** 이야기

신랑은 내가 직접 만날 테야!

"아버지, 부르셨어요?"

초희가 방 안으로 들어와 아버지 허엽 앞에 앉았어요.

"초희야, 이제 너도 열다섯이다. 좋은 신랑을 만나 시집갈 나이가 되었지. 마침 너희 오라버니가 좋은 남편감을 알아봐 주었더구나. 유명한 안동 김씨 집안 사람이란다. 혼인날을 정할 테니, 그리 알려무나."

허엽은 이 소식을 꺼내면 딸이 기뻐할 줄 알았어요. 하지만 초희는 입을 비죽 내밀었어요.

"저는 얼굴을 알지도 못하는 낯선 사내에게 시집가고 싶지 않아요. 제 남편이 될 사람을 직접 만나고 결정하겠어요."

"왜 그렇게까지 하려고 하느냐. 다들 이렇게 혼인을 한단다."

"아버지, 여자는 그저 부모님이 시키는 대로만 살아야 하나요? 이건 저의 삶이에요. 선택도 제가 하고 싶어요. 더구나 반평생을 함께할 남편이잖아요. 얼굴만 보겠다는데 그것도 안 돼요?"

허엽은 그저 천장을 보며 한숨을 내쉬었어요.

며칠 뒤, 허엽은 딸 몰래 길을 나섰어요.

'나중에 혼인하고 나면 정이 들고 행복하게 살 게야.'

허엽은 먼 길을 걸어 초희의 예비 신랑인 김성립의 집에 도착했어요. 김성립의 아버지이자 허엽의 글동무였던 김첨이 반갑게 맞이했어요.

"먼 길 오느라 고생 많았네. 여기가 내 아들이네."

"안녕하십니까, 장인어른."

"그래, 아버지를 닮아 현명해 보이는군."

세 사람은 두런두런 이야기를 나누었어요. 그런데 갑자기 방 안으로 심부름꾼이 들어와 허엽의 뒤에 섰어요. 허엽은 그림자가 느껴져 뒤를 돌아보았어요.

'헉!'

허엽의 눈이 커졌어요. 딸 초희가 남장을 하고 있었던 거예요.

'이 녀석이 어떻게! 여기서 딸이 남장을 했다는 사실을 들켜선 절대 안 돼.'

허엽은 아무렇지도 않은 표정으로 돌아앉았어요. 김첨과 김성립은 남자처럼 꾸민 초희가 하인인가 보다 했어요.

세 사람은 이야기를 마치고, 자리에서 일어났어요. 초희는 이미 사라지고 없었어요. 허엽이 서둘러 집으로 가 보니 초희는 벌써 집에 와 있었어요.

얼마 뒤, 초희는 자신이 본 신랑과 혼인식을 무사히 올렸어요.

허난설헌의 업적 이야기

허난설헌은 뭘 했을까?

허난설헌에서 '난설헌'은 이름이 아니에요. 일종의 별명인 '호'예요. 이름은 '초희'랍니다. 그의 아버지가 지어 주었지요. 당시 조선 시대에는 여자에게 이름을 짓는 일이 흔치 않았어요. 여자의 사회적 지위가 낮았으니까요. 이를 보아 생각이 열려 있는 허난설헌의 집안 분위기를 알 수 있어요.

허난설헌은 두 오빠, 남동생과 함께 어린 시절을 풍요롭게 보냈어요. 그의 형제들은 나중에 자유로운 지식인으로 자랐어요. 오빠인 허성과 허봉, 동생인 허균, 아버지 허엽은 모두 글솜씨가 뛰어났지요. 그래서 이들은 '허씨 5문장'이라고 불려요.

허씨 5문장의 '초희'

허난설헌은 어려서부터 시 쓰기에 뛰어났어요. 기록에 따르면 다섯 살 때 시를 지었다고 해요. 그리고 여덟 살에는 〈광한전 백옥루 상량문〉이라는 글을 남겼어요. 상량문이란 집을 새로 짓거나 고칠 때 기록을 남기는 글이에요. 어린 허난설헌은 신선 세계에 있다는 광한전 백옥루의 상량식에 자신이 초대받았다고 상상하며 이 글을 썼어요. 사람들은 여자 아이가 수준 있는 상량문을 썼다는 소식에 감탄했어요.

둘째 오빠 허봉은 여동생에게 글재주가 있음을 깨닫고, 자신의 친구이자 시인인 '이달'에게 동생을 가르치게 했어요.

상상력이 풍부한 꼬마 신동

시로 녹여낸 슬픔

허난설헌은 열다섯 살에 '김성립'과 결혼했어요. 하지만 허난설헌과 김성립은 사이가 좋지 않았어요. 둘은 서로의 성격을 이해하지 못했지요. 결국 김성립은 아내를 멀리하고 밖으로 돌았어요. 거기다 시어머니도 허난설헌을 무시했어요. 허난설헌은 혼자서 묵묵히 버텨야 했지요. 불행은 거기서 끝나지 않았어요. 그녀가 낳은 자식들이 돌림병으로 세상을 떠났어요. 허난설헌은 고통을 시에 녹여냈어요. 자신의 신세를 한탄하는 내용부터 고립된 상황, 자식을 잃은 슬픔 등을 붓으로 써 내려갔어요. 나아가 여자들이 차별받는 사회를 비판하는 시도 썼어요.

뒤늦게 알려진 천재 시인

허난설헌은 마음고생을 심하게 한 탓인지 스물일곱이라는 이른 나이에 세상을 떠났어요. 그는 세상을 떠나면서 자신이 쓴 글을 모두 태워 달라는 유언을 남겼어요. 하지만 동생 허균은 누나의 문학이 이대로 묻히는 게 안타까웠어요. 그냥 지우기에는 그 글들이 너무나 아깝다고 생각했지요.

그래서 허균은 몇 개 남지 않은 시와 글을 모아 책으로 엮었어요. 그게 바로 《난설헌집》이에요. 허균은 이 시집을 명나라 사신들에게 보여 주었어요. 조선에 이런 시를 쓰는 여자 시인이 있었다는 사실에 명나라 사신들은 깜짝 놀랐어요. 이후 《난설헌집》은 명나라에 알려졌고, 나중에는 명나라에서 일본으로 전해졌어요.

허난설헌과 함께 보기

허난설헌의 가족과 스승

난 서경덕 선생님에게서 학문을 배웠고 관직 생활을 했어. 나중에는 청백리에 뽑혔어. 난 아이들이 자유롭게 크길 바랐어. 내 자식들이 두루 문학에 뛰어나서 참 자랑스럽더군!

허엽 (1517~1580)

아버지

여자라고 배우지 말라는 법이 있을까? 나는 여동생에게 스승을 구해 주었어. 내 동생은 여자라는 이유로 다른 형제들이 학문을 배우는 걸 옆에서 구경만 했거든. 지금 생각해도 그건 정말 잘한 일이었어. 난 틀에 박힌 삶이 싫어서 이곳저곳을 돌아다녔는데, 여행하면서 기록했던 것들을 책으로 내고 시도 여러 편 썼단다.

허봉 (1551~1588)

둘째 오빠

동생

난 재능이 뛰어난 누님의 시가 사라지는 게 너무나 안타까웠어. 그래서 누님의 시를 엮어 책으로 냈지. 나 역시 조선 시대의 계급 사회에 불만을 가지고 있었어. 그 불만을 소설로 풀어냈지. 그게 우리나라 최초의 한글 소설인 《홍길동전》이야!

허균 (1569~1618)

남편

난 관직 생활을 하다가 임진왜란 때 의병을 일으켰어. 부인과 통하는 점이 부족했던 건 여전히 아쉽더군.

김성립 (1562~1593)

스승

난 시인이야. 어린 허난설헌과 허균을 가르쳤지. 나는 서자 출신이야. 어려서부터 차별을 받으며 살아왔어. 서자라는 이유로 부당한 대우를 받다니. 조선 시대는 참 불공평했지. 너희들도 그렇게 생각하지?

이달 (1539~1612)

역사 **체험 학습**

허난설헌의 발자취

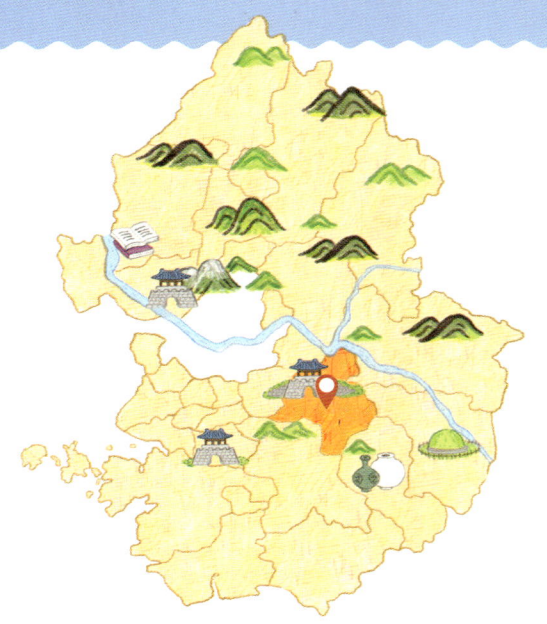

허난설헌 묘

- 경기도 광주시 초월읍
- 경기도 기념물 제90호

허난설헌이 묻힌 곳이에요. 허난설헌은 시댁인 광주에서 살다가 생을 마감했어요. 근처에 남편과 자식들의 묘가 있어요. 허난설헌 묘의 오른쪽에는 1985년에 세워진 시비가 있어요. 이 시비에는 허난설헌이 자식을 잃은 슬픔을 노래한 시가 새겨져 있답니다.

광주의 볼거리

남한산성

♥ 경기도 광주시 남한산성면

♦ 사적 제57호, 유네스코 세계 문화유산

조선 시대에 북한산성과 함께 한양을 지킨 성이에요. 원래 남한산에는 신라 시대의 성터가 있었어요. 임진왜란 이후 나라 밖의 적으로부터 수도를 지키기 위해 제16대 왕인 인조 때 산성을 지었지요. 남한산성은 역사적 가치를 인정받아 유네스코 세계 문화유산으로 지정되었어요.

현절사

♥ 경기도 광주시 남한산성면

♦ 경기도 유형문화재 제4호

조선 시대 충신인 오달제·윤집·홍익한을 기리기 위해 세워진 사당이에요. 이들은 병자호란 때 청나라에 끝까지 굴복하지 않다가 결국 청나라로 끌려가 죽었어요.

광주 삼리 구석기 유적

♥ 경기도 광주시 곤지암읍

♦ 경기도 기념물 제188호

구석기 유적이 발굴된 지역이에요. 주먹도끼와 석기 등 구석기 때 사용된 물건들이 발견되었어요. 광주 삼리 구석기 유적은 한강 근처에서 발굴된 구석기 유적지 중에서 규모가 큰 곳이에요.

경·기·도·위·인 | 08

조선 시대를 대표하는 화가
김홍도
조선 | 1745 ~ 1806? | 화가

안산은 이런 곳이에요

안산(安山)을 풀이하면 '낮은 산'이란 뜻이에요. 오늘날 안산 지역을 둘러보면 나지막한 산이 많음을 알 수 있지요. 안산은 정부의 계획 아래 주택 도시로 개발되어서, 사람들이 머무르며 살기 좋아요. 안산에는 외국인들도 많이 모여 살아요.

> 세상은 참으로 아름다워.
> 사람들이 저마다 사는 모습을 보면
> 절로 미소가 지어져.
> 그래서 서민들과 풍경들을 그림에 담았지.

인물 소개

김홍도는 양반과 평민 사이의 신분인 중인으로 태어났어요. 어렸을 때 화가 강세황에게서 그림을 배우고 스무 살 전에 도화서*에 소속된 화가가 되었어요. 그는 그림 솜씨가 다른 화가들보다 뛰어나서 나라에서 중요한 그림을 도맡아 그렸어요. 정조는 김홍도를 무척 아껴서 그에게 높은 벼슬도 내렸지요.

김홍도의 이모저모

시대 조선

별명 미남

자란 곳 안산에서 자라고 그림을 배웠어요.

특기 술 마시기, 그림 그리기, 시 쓰기

직업 화가

★ **도화서** 조선 시대에 그림에 관한 일을 맡아보던 관아

 우리가 알아야 할 **김홍도** 이야기

조선 최고의 화가 김홍도

 어린이 역사 기자   별명이 미남이시라고요?

 김홍도   조선 시대 사람들은 지금에 비하면 평균 키가 작았어. 하지만 나는 큰 편이었지. 신선 같다는 얘기도 종종 들었어. 이런 얘기를 내 입으로 하자니 쑥스럽지만 사람들이 잘생겼다고 하니 나도 나중엔 그런가 보다 했지, 하하하!

 어린이 역사 기자   호인 '단원'은 무슨 뜻인가요?

 김홍도   '박달나무 있는 뜰'이라는 뜻이야. 서정적이지 않니? '단원'은 명나라 화가 이유방의 호이기도 해. 난 이유방을 존경했어. 화가이면서 시도 무척 잘 써서 조선 시대 지식인들도 엄지를 세울 정도였지. 게다가 됨됨이까지 훌륭하셨대! 난 그림 실력 말고 다른 부분에서도 유능한 사람이 되고 싶었거든. 그래서 그의 호를 따라 지었지.

 어린이 역사 기자   유명한 화원이셨으면 부자였을 것 같아요!

 김홍도   꼭 그렇지도 않았어. 물론 정조께서 살아 계셨을 때는 잘나갔지. 왕의 명령으로 그림을 그리러 외국까지 나갔다가 왔으니까. 하지만 그 이후에는 아들 녀석을 공부시키기조차 만만치 않았어. 한번

은 어떤 사람이 매화나무를 파는데, 그게 너무 가지고 싶었어. 하지만 돈이 없었지. 그래서 종이와 붓을 챙겨 와 그 매화나무를 그리고선 다른 사람에게 그림을 팔았어. 그때 3천 냥을 받았는데, 매화나무를 사고도 돈이 남아 친구들을 불러 잔치를 벌였어.

 어린이 역사 기자 그림 말고 다른 취미가 있으신가요?

 김홍도 그럼! 나는 내 그림에 직접 시도 지었는걸. 그때는 그림 옆에 시를 쓰곤 했거든. 도장 파는 일에도 취미를 붙였지. 거문고 같은 악기도 연주했고.

 어린이 역사 기자 특별히 종교를 가지고 계셨나요?

 김홍도 난 불교에 빠져 있었어. 절에서 아들을 얻게 해 달라고 기도를 했는데, 정말로 아들이 생겼거든. 그 기쁨은 말로 표현할 수 없을 정도였지. 늙어서는 불교를 소재로 한 그림들을 많이 그렸단다.

 어린이 역사 기자 화가가 꿈인 친구들에게 한마디 부탁드립니다!

 김홍도 화가가 되려면 재능을 타고나야 할까? 꼭 그렇지만은 않다고 생각해. 물론 난 어렸을 때 다른 친구들에 비해선 그림을 잘 그렸어. 하지만 어른이 되어서도 화가로 활동했던 건, 내가 그림을 꾸준히 연습하고 좋아했기 때문이야. 그림에 대해 열정이 있다면 화가가 될 수 있을 거야!

김홍도의 업적 이야기

김홍도는 뭘 했을까?

뛰어난 화가도 칭찬한 그림 신동

김홍도는 아주 어렸을 때부터 그림을 배우기 시작했어요. 그의 스승은 당대 이름난 화가이자 미술 평론가*였던 강세황이었어요. 김홍도는 젖니가 빠질 때부터 그림과 글을 배웠다고 해요. 요즘으로 치면 유치원을 다닐 때 그림 공부를 시작한 셈이에요. 김홍도는 어린 나이인데도 그림 실력이 뛰어났어요. 스승인 강세황이 '김홍도는 어려서부터 그림을 공부해 그리지 못하는 게 없었다.'라고 칭찬했을 정도였지요.

★ **미술 평론가** 미술의 가치를 평가하여 논하는 사람

왕세손의 초상화를 그린 신입 화원

1765년, 영조를 위한 잔치가 크게 벌어졌어요. 그 모습을 그림에 담아 병풍으로 만드는 작업을 김홍도가 맡았어요. 스물한 살 젊은 화원*에게 그런 중요한 임무가 주어지는 경우는 결코 흔치 않았어요.
이후 김홍도는 영조와 왕세손의 초상화까지 그렸어요. 왕세손은 왕의 자리를 이을 왕의 손자로, 그때의 왕세손이 훗날 정조예요. 정조는 왕이 되어서 김홍도에게 여러 일을 맡겼어요. 자신의 초상화도 김홍도에게 맡겼지요. 정조는 그에게 '현감'을 내렸어요. 현감은 작은 고을인 '현'을 다스리는 벼슬이에요. 중인의 신분이 맡을 수 있는 가장 높은 자리였어요.

★ **화원** 도화서에 딸려 있던 직업 화가

화폭에 담은 서민의 삶

김홍도는 풍속화를 발전시킨 것으로 유명해요. 풍속화란 벼슬 없는 일반 사람(서민)들이 생활하는 모습을 담아낸 그림이에요. 그의 풍속화로는 〈씨름〉, 〈서당〉이 대표적이에요. 그림에는 서민들의 생활이 생생하게 묘사되어 있어요. 그래서 지금까지도 귀중한 역사 자료로 쓰여요. 생동감이 넘치는 그림에 많은 사람들이 환호했어요. 김홍도의 집에는 그의 그림을 받기 위해 기다리는 사람들이 줄을 지었다고 해요.

안산에서 배운 그림

김홍도는 조선 시대를 대표하는 화가로 알려져 있어요. 하지만 그에 비해 김홍도에 관한 정보는 자세하게 남아 있지 않아요. 아마 조선 시대에는 화가라는 중인 신분을 중요하게 여기지 않았기 때문일 거예요.

김홍도는 어린 시절 강세황의 집에 드나들며 그림을 배웠어요. 강세황은 어린 김홍도를 가르칠 당시에 아내의 고향인 안산에서 살았어요. 이를 통해 김홍도가 안산에서 어린 시절을 보냈음을 추측할 수 있지요.

안산시 단원구의 '단원'은 김홍도의 호에서 따온 명칭이에요. 안산시에서는 단원 김홍도의 업적을 기념하며 단원 미술관을 세웠고, 매년 단원 미술제를 열고 있어요.

김홍도와 함께 보기

김홍도의 그림을 만나 봐요

오늘날 김홍도의 그림은 약 300편 정도가 남아 있어요. 어떤 그림을 그렸는지 살펴보기로 해요.

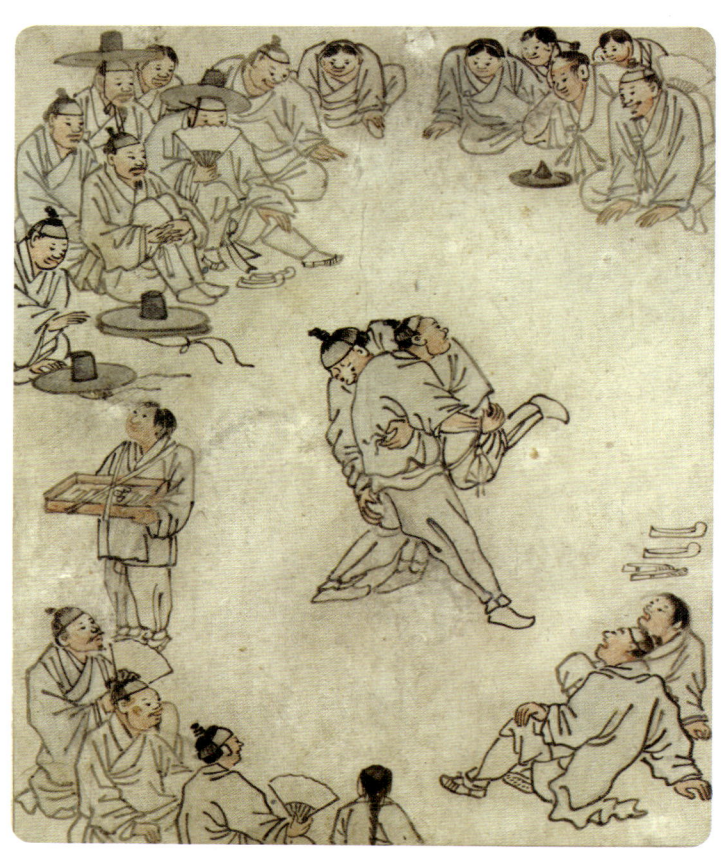

내 그림엔 당시 서민들의 생활 모습이 생생하게 담겨 있어.

〈씨름〉

김홍도의 그림 중 가장 많이 알려진 작품이에요. 김홍도는 서민들이 씨름하는 모습을 자세하고 생동감 있게 그려 냈어요. 중심에는 두 사람이 씨름을 벌여요. 한쪽에는 신발을 벗어 놓은 모습까지 있네요. 그 주변으로 동그랗게 관중들이 모였어요. 저마다 흥미진진한 표정으로 씨름판을 바라보고 있어요.

〈서당〉

이 그림도 한 번쯤은 보았을 거예요. 〈서당도〉로도 불리는 이 그림 역시 김홍도의 대표작 중 하나예요. 가운데 한 아이가 손으로 눈가를 훔치는 걸 보니 훈장님에게 혼이 난 모양이에요. 다른 손으로 바짓단을 잡은 걸 보니 회초리 맞을 준비를 하나 봐요. 이 그림은 당시 아이들이 어떻게 공부를 했는지 잘 보여 줘요.

〈규장각도〉

김홍도가 그린 진경산수화예요. 진경산수화란, 우리나라의 자연을 소재로 그린 그림을 뜻해요. 우거진 나무들 사이로 규장각이 보여요. 규장각은 정조가 세운 왕실 도서관이에요. 김홍도는 풍경화로도 유명하지만, 산수화에서도 뛰어난 솜씨를 발휘했어요. 〈규장각도〉는 정조가 왕이 된 후, 김홍도가 처음으로 그린 그림이지요.

〈행려풍속도병〉 중 '놀란 나그네'

행려풍속이란 선비가 먼 길을 여행하며 목격한 몇몇 장면들을 이야기 삼아 여덟 폭의 병풍으로 그린 풍속화예요. 주인공은 대개 나귀를 타고 가는 선비로 등장해요.

김홍도 주위의 사람들

강세황 (1713~1791) 김홍도의 스승

난 조선 후기 안산 지역에서 활동한 문인 화가야. 그림도 그리고 시와 같은 글도 썼어. 김홍도는 어렸을 때부터 생김새가 남다르다 싶었는데, 그림까지 잘 그리지 뭐야? 날이 갈수록 그림 실력이 발전했지. 가르친 보람이 있는 제자였어!

정조 (1752~1800) 조선의 제22대 왕

난 조선을 개혁하기 위해 여러 정책을 펼쳤어. 내가 왕위에 있을 때 생활에 필요한 학문(실학)이 본격적으로 꽃피웠단다. 김홍도는 내가 무척 아끼는 화원이었어. 도화서에 이름난 화가들도 많았지만, 그 누구도 김홍도를 따라오지 못했지. 나는 그를 가까이 두고 중요한 그림을 그리도록 직접 지시했어.

강희언 (1710~1784) 조선 후기의 화가

난 〈인왕산도〉와 〈석공도〉 같은 작품을 남겼어. 김홍도는 나보다 한참 어렸지만 우린 아주 친한 벗이었지. 〈행려풍속도병〉은 김홍도가 우리 집에서 그린 작품이야.

경·기·도·위·인 | 09

조선 후기의 전성기*를 이룬 왕

정조
조선 | 1752~1800 | 왕

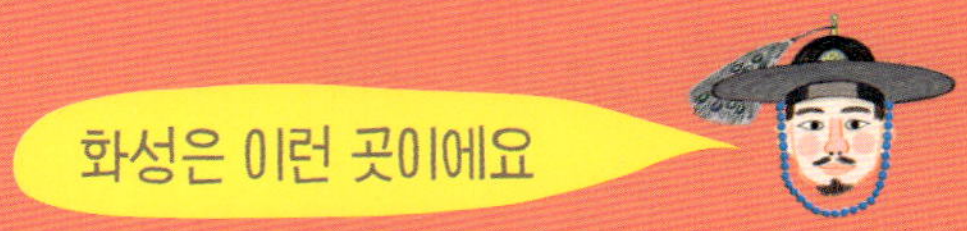

화성은 이런 곳이에요

화성은 경기도의 서남부에 위치한 도시예요. 바닷가를 끼고 있어 염전(소금밭)이 발달했지요. 화성은 아버지를 향한 정조의 깊은 효심이 묻어나는 곳이기도 하지요.

★ **전성기** 세력이 한창 왕성한 때

나는 백성 사이의 차별을 없애고,
문화를 발전시켰어.
서얼 출신도 관리로 뽑았지.
사실 출신이 무슨 상관이겠어?

인물 소개

정조는 '조선 시대 제2의 전성기'라 불릴 만큼 나라를 풍요롭게 했어요. 실생활에 필요한 학문을 발전시키고 문화를 꽃피우게 했지요. 또한 정조는 효심이 갸륵한 왕이에요. 억울하게 죽은 아버지 사도 세자의 시호*를 '장헌'으로 높이고 지금의 경기도 화성으로 능을 옮겼어요.

정조의 이모저모

시대 조선

태어난 곳 서울에서 태어나 화성에 잠들었어요.

이름 이산

생년월일 1752년에 태어났어요.

별명 효도왕, 책벌레

특기 계획도시 세우기, 학문 연구하기

★ **시호** 죽은 사람의 공덕을 기리기 위해 붙인 이름

수원 화성

우리가 알아야 할 **정조** 이야기

이로 송충이를 물어뜯은 왕

★ 현륭원은 나중에 융릉으로 고쳐졌어요.

정조의 업적 이야기

정조는 뭘 했을까?

정조는 원래 평범한 세손 시절을 보냈어요. 사도 세자가 1762년 죽임을 당하기 전까진 말이에요. 사도 세자가 뒤주에 갇혔을 때, 어린 정조는 할아버지 영조에게 아버지를 풀어 달라고 빌었어요. 하지만 영조는 손자의 청을 거절했지요. 정조는 열한 살에 아버지를 하늘 나라로 떠나보냈어요. 그 뒤 정조는 목숨까지 위협받는 등 숱한 어려움을 거쳐 왕이 되었어요.

아버지 여읜 설움을 딛고

쌀 따위의 곡식을 담아 두던 '뒤주'

인재를 고루 뽑아 쓴 왕

정조는 할아버지 영조에 이어 탕평책을 실시했어요. 탕평책이란, 여러 정치 집단(당파)에서 고르게 인재를 뽑는 방법이에요. 또 서얼 출신들을 관리로 뽑았어요. 아무리 머리가 좋아도 출신의 한계로 벼슬자리에 나오지 못했던 사람들이 정조 대에 일했지요. 이때 나온 인재들이 유득공, 박제가, 이덕무 등이었어요. 이들은 주로 규장각에서 다양한 분야의 학문을 연구했어요.

소문난 책벌레

정조는 유달리 학문에 관심이 깊었어요. 그래서인지 책에 남다른 애정을 보였지요. 한번은 중국으로 가는 사신을 통해 약 3만 권이나 되는 책을 들여왔어요. 정조는 아침에 일어나자마자 세수를 하고 그날의 일과 볼 책들을 챙겼어요. 그는 책을 손에서 놓지 않았지요.

또 정조는 자신의 시와 글을 모아 시문집을 펴냈어요. 호인 '홍재'를 따 《홍재전서》라고 지었지요. 《경국대전》과 《속대전》 등 나라를 다스리는 방법이 나온 법전들을 모아 《대전통편》을 만들었고, 전투 훈련서인 《무예도보통지》도 펴냈어요.

계획도시 수원 화성★

정조는 어떤 왕들보다 나라를 잘 다스렸어요. 하지만 여전히 그를 지지하지 않는 신하들이 있었어요. 정조는 고민 끝에 도읍지를 옮기기로 결심했어요. 수도를 다른 곳으로 바꾸면 한성에 터를 잡고 있는 신하들의 힘을 누를 수 있을 테니까요.

정조는 지금의 수원에 화성을 새로 짓기로 했어요. 정약용에게 설계도를 맡기고, 화성을 짓는 데 적극적으로 나섰지요. 일하는 사람들에게 돈을 꼬박꼬박 챙겨 주고, 추울 때는 솜옷까지 나누어 주었어요. 오늘의 수원 화성은 그렇게 만들어졌지요.

★ **수원 화성** 화성시가 아니라 수원에 있는 성을 말해요. 117쪽에서 더 자세히 알아봐요.

 정조와 함께 보기

정조의 가족

난 정조의 할아버지야. 당파 간의 갈등을 해결하기 위해 탕평책을 썼지. 아들에게 잔인한 짓을 한 게 영 마음에 걸리는구나.

영조 (1694~1776) 조선의 제21대 왕

부자

아들이 무척 힘들었을 텐데 이렇게 잘 자라다니 참 고맙더구나. 그래서 하늘나라에서도 발 뻗고 잘 수 있었어.

사도 세자 (1735~1762)
영조의 아들·정조의 아버지

아들

혜경궁 홍씨 (1735~1815)
정조의 어머니·헌경 왕후

정조

정조 효 문화제

화성시에서 매년 열리는 행사예요. 억울하게 돌아가신 아버지를 정성껏 모셨던 정조를 기리고자 만들어졌지요. 정조의 능 행차를 볼 수 있고, 제례악*이 연주돼요. 또한 정조와 효를 주제로 하는 공연들이 펼쳐져요. 그 외에도 조선 시대를 느껴 볼 수 있는 다양한 행사가 준비되어 있답니다.

★ **제례악** 나라에서 지내는 제사에 쓰이는 음악

> **TIP** 아버지의 명예를 드높인 정조

정조는 아버지 사도 세자의 명예를 회복하고자 했어요. 그는 사도 세자를 '장헌 세자'라는 시호로 바꾸었어요. 그리고 아버지의 묘도 지금의 화성으로 옮기면서 더 크게 지었지요.
정조는 여기에 그치지 않았어요. 능 근처에 있던 용주사를 더 크게 고쳐 짓고는 아버지의 넋을 기리도록 했지요. 조선 최고의 화가 김홍도가 와서 용주사에 불교와 관련된 그림을 그렸어요. 정조는 자주 아버지의 묘와 용주사를 찾아가 절을 올렸어요.

역사 **체험 학습**

정조의 발자취

화성 융릉과 건릉

📍 경기도 화성시 안녕동

♦ 사적 제206호, 유네스코 세계 문화유산

융릉과 건릉은 유네스코 세계 문화유산에 등록된 조선 왕릉 중 하나예요. 정조의 아버지인 사도 세자와 그의 비(헌경 왕후), 정조와 효의 왕후가 묻힌 능이에요. 사도 세자와 헌경 왕후를 함께 모신 묘를 '융릉', 정조와 효의 왕후를 함께 모신 묘를 '건릉'이라고 부르지요. 둘을 함께 '융건릉'이라고도 불러요. 정조는 죽기 전 신하 채제공에게 아버지 곁에 묻어 달라고 했어요.

융릉

건릉

🟢 용주사

📍 경기도 화성시 송산동

신라 때 지어진 절이에요. 나중에 정조가 이곳을 아버지의 명복*을 비는 절로 정하면서 크게 고쳐 지었지요. 용주사 안에는 정조의 효심을 엿볼 수 있는 '용주사 효행 박물관'이 있어요.

★ **명복** 죽은 뒤 저승에서 받는 복

 여기도 가 보자!

🟢 남양 향교

📍 경기도 화성시 남양읍

♦ 경기도 문화재자료 제34호

조선 시대에 세워진 향교예요. 예전에는 화성을 '남양'이라고 불렀어요. 옛날에는 나라의 지원을 받아 학생을 가르쳤지만, 지금은 교육 기능은 없어지고 제사 기능만 남아 있어요.

경·기·도·위·인 | 10

실학 사상을 완성한 학자

정약용
조선 | 1762~1836 | 실학자

남양주는 이런 곳이에요

남양주는 자연 그대로의 모습이 남은 도시예요. 군사 보호 지역 및 상수원 보호 지역이라 개발이 제한된 대신, 물이 깨끗하고 공기가 맑지요. 또 곳곳에 계곡이 있어 여름마다 사람들이 더위를 피하러 찾아온답니다.

> 유교 사상은 중요해.
> 인간의 예와 도리를 갖추는 것이니까.
> 하지만 그보다 실생활에 필요한 학문이
> 더 중요하지 않겠어?
> 난 백성들에게 꼭 필요한 분야를
> 발전시키려고 노력했어.

인물 소개

조선 제22대 왕인 정조의 아낌을 받으며 자신의 재능을 펼쳤어요. 배다리를 건설하고 수원 화성을 설계하는 등 과학적인 분야에서 두각을 드러냈지요. 그뿐 아니에요. 정약용은 실생활에 도움이 되는 학문인 실학을 집대성*했어요. 무려 500여 권의 책을 펴냈지요. 정약용은 실학에 있어 모르는 분야가 없었어요.

정약용의 이모저모

- **시대**: 조선
- **직업**: 실학자
- **별명**: 삼눈썹이
- **생년월일**: 1762년 8월 5일에 태어났어요.
- **특기**: 책 쓰기, 설계도 만들기
- **태어난 곳**: 경기도 남양주시 조안면에서 태어났어요.

거중기 그림

★ **집대성** 모든 것이 훌륭하여 완벽한 하나를 이룬 것

 우리가 알아야 할 **정약용** 이야기

남다른 책벌레 정약용

어느 날, 조선 후기의 문신인 이서구가 영평(지금의 포천)에서 궁궐로 들어가던 길이었어요. 그때, 맞은편에서 웬 소년이 당나귀와 함께 오고 있었지요. 당나귀의 등에는 짐이 잔뜩 쌓여 있었어요.

'무엇이기에 멀리서 봐도 저리 무거워 보이나?'

이서구는 눈을 가늘게 뜨고 보았어요. 무거운 보퉁이의 정체는 책들이었어요. 소년은 휘파람을 불며 당나귀를 끌고 북한사로 들어가고 있었어요.

'스님이 구하시는 책인가? 어린아이가 책 심부름이라도 가는 모양이군.'

이서구는 대수롭지 않다는 듯 궁궐로 향했어요.

열흘 뒤, 이서구는 궐에서 나와 영평으로 향했어요. 그런데 지난번에 만난 소년이 반대편에서 걸어오는 거였어요. 당나귀에 책을 잔뜩 올려놓고 말이에요.

'허, 이상타. 저 많은 책을 스님께서 한 번에 보실 리는 없는데. 대체 뭐란 말인가?'

궁금해진 이서구는 소년에게 다가갔어요.

"얘야, 무엇을 하기에 그렇게 책을 들고만 다니는 게냐?"

"들고만 다니지 않았습니다. 북한사에서 이 책을 다 읽고 내려가던 참입니다."

"어떤 책을 읽었느냐?"

"예, 어르신. '강목'입니다."

이서구는 깜짝 놀라서 입을 쩍 벌렸어요. '강목'은 중국 역사책 《자치통감강목》을 일컫는 말인데, 분량이 어마어마했거든요.

"예끼 인석아. 어른에게 그런 장난을 치는 것이 아니다. 어떻게 강목을 열흘 만에 다 읽는다는 말이냐?"

"읽은 게 아니라 외웠습니다."

"외웠다고?"

이서구는 말문이 턱 막혔어요.

"그럼 내가 시험해 볼 테니, 맞힐 수 있겠느냐?"

"예, 어르신."

이서구는 이것저것 물어보았어요. 그때마다 소년은 막힘없이 척척 맞혔어요.

"이야! 조선 팔도에 이런 인재가 다 있구나. 네 이름이 무엇이냐?"

"저희 아버지는 정 재 자, 원 자이시고, 제 이름은 '귀농'입니다."

소년은 공손하게 대답했어요. '귀농'이라는 아이는 나중에 장가를 들면서 이름을 '약용'이라고 지었어요.

정약용의 업적 이야기

정약용은 뭘 했을까?

남다른 책벌레

정약용은 어려서부터 책을 무척 많이 읽었어요. 그래서인지 시도 곧잘 썼어요. 네 살에 천자문을 다 외웠고, 열 살 전에 그동안 쓴 시를 모아 《삼미집》이라는 문집을 냈지요. 여기서 '삼미'는 '세 눈썹'이라는 뜻이에요. 정약용은 어렸을 때 천연두를 앓아 눈썹에 흉터가 남아서, 눈썹이 3개처럼 보였답니다.

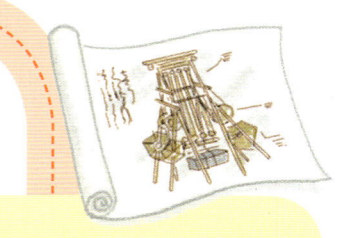

수원 화성을 설계한 실학자

정조는 정약용을 매우 신임했어요. 그래서 그에게 중대한 업무들을 맡겼지요. 대표적인 게 배다리와 수원 화성이에요.

배다리는 작은 배 여러 척을 연결하고 그 위에 판자를 덧대어 만든 다리예요. 정조는 화성에 아버지의 무덤인 현륭원을 옮겨 놓고 자주 다녔어요. 현륭원을 갈 때는 노량진에서 한강을 건너야 했는데, 왕은 배를 타고 물을 건너지 않는다고 하여 그때마다 배다리를 설치했지요. 덕분에 정조는 오가는 시간을 줄일 수 있었어요.

또 정약용은 수원 화성의 설계도를 그렸어요. 성을 짓는 데 유용한 도구인 거중기도 만들었지요. 그래서 10년에 거쳐 완성될 성이 약 3년 만에 모습을 갖추었답니다. 정약용 덕분에 수많은 돈과 백성들의 힘을 아낄 수 있었던 셈이지요.

500여 권의 책을 남김

정약용에게도 위기가 찾아왔어요. 정조가 세상을 떠난 뒤, 평소에 그를 시기하던 신하들은 정약용에게 누명을 씌웠어요. 정약용이 천주교를 믿었다며 벌을 내려야 한다고 입을 모았지요. 결국 그는 전라남도 강진으로 유배를 가야 했어요.

정약용은 홀로 18년간 낯선 땅에서 살았어요. 더할 나위 없이 가족이 그립고 외로웠지만 마냥 슬픔에 잠겨 있지 않았어요. 그는 본격적으로 학문에 집중했어요. 실질적으로 나라를 발전시킬 학문이 필요하다고 생각했지요. 정약용은 자신이 연구한 내용들을 바탕으로 책을 쓰기 시작했어요. 이때 쓴 책들이 그 유명한 《목민심서》, 《흠흠신서》, 《경세유표》예요. 이 외에도 정약용은 약 500권이나 되는 책을 남겼어요.

남양주에서 태어나고 삶을 마침

정약용은 경기도 광주군 마현에서 태어났어요. 지금의 경기도 남양주시 조안면이지요. 그는 열다섯 살에 장가를 들면서 서울로 올라갔어요.

정약용은 1818년에 고향으로 돌아왔어요. 그때 그의 나이가 쉰일곱 살이었지요. 그리고 삶을 마감할 때까지 고향에서 책을 쓰며 지냈어요. 제자들이 책을 쓰는 것도 도와주었지요.

정약용은 모진 세월을 함께 견뎌 준 아내와의 결혼 60주년을 기념하는 회혼례를 치르려고 했어요. 그러나 회혼례 아침, 그는 깊은 잠에서 깨어나지 않았어요. 그렇게 정약용은 생의 처음과 마지막을 남양주에서 보냈어요.

 **정약용**과 함께 보기

정약용이 남긴 책들

정약용의 대표작은 《경세유표》, 《목민심서》, 《흠흠신서》예요. 어떤 책들인지 알아보아요.

《경세유표》

조선이 더 잘살고 강해지기 위해 바뀌어야 할 제도들을 기록한 책이에요. 정약용은 이 책에 행정 기구부터 토지, 세금 제도 등을 어떻게 고쳐야 하는지 세세하게 정리했지요. 《경세유표》는 총 44권이에요.

《목민심서》

일종의 '수령 지침서'예요. 정약용은 서른세 살에 경기도 암행어사를 하면서 수령들이 어떻게 다스리느냐에 따라 마을 분위기가 크게 달라진다는 사실을 깨달았어요. 그는 나라가 좋아지려면 목민관, 즉 수령들이 각자 맡은 지역을 지혜롭게 다스려야 한다고 생각했어요. 《목민심서》는 총 48권으로 되어 있는데, 수령들이 백성들을 관리하는 방법이 항목별로 조목조목 정리되어 있어요.

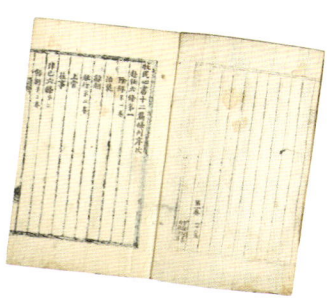

《흠흠신서》

형벌에 대한 책이에요. 범죄를 공정하게 다스리는 법을 알려 주지요. 정약용은 당시 조선 사회가 살인 사건을 허술하게 다룬다고 생각했어요. 사람의 생명이 달려 있는데, 무성의하게 처리해 억울한 일이 자주 일어났기 때문이죠. 이런 것들을 바로잡기 위해 《경국대전》, 《대명률》 같은 법전을 참고해서 《흠흠신서》를 썼어요. 《흠흠신서》는 전부 30권이에요.

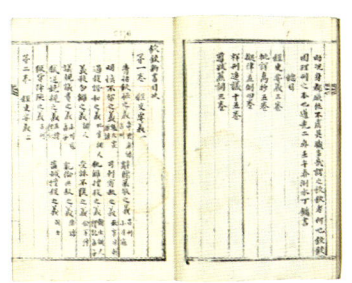

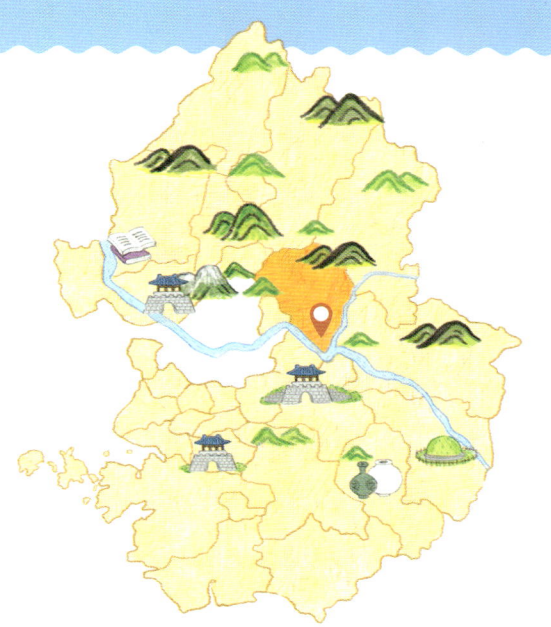

역사 **체험 학습**

정약용의 발자취

남양주 다산 유적지

📍 경기도 남양주시 조안면

정약용 생가와 묘, 다산 기념관 등 정약용과 관련된 유적이 모여 있어요.

정약용 생가

정약용이 살았던 집이에요. 이 집은 '여유당'이라고도 불려요. '세상살이를 조심하라.'라는 뜻이지요. 생가 옆에는 정약용의 업적을 눈으로 확인할 수 있는 '다산 기념관'이 세워져 있어요.

정약용 선생 묘

◆ 경기도 기념물 제7호

다산 정약용이 잠든 곳이에요. 그의 부인 풍산 홍씨와 함께 묻혀 있어요.

99

경·기·도·위·인 | 11

태양처럼 뜨거운 혁명가

여운형

근현대 | 1886 ~ 1947 | 독립운동가

양평은 이런 곳이에요

양평은 자연이 아름다운 지역이에요. 자연환경이 잘 보존되어 있고 공장도 찾아볼 수 없어요. 해마다 휴가를 오는 관광객들이 줄을 서지요. 거기다 친환경 농업 특별 구역으로 지정돼 다양한 농산물이 생산되고 있어요.

우리 어머니가 날 가지셨을 때 태양을 안는 꿈을 꾸셨대. 그래서인가? 조국을 향한 애정이 늘 불타올랐지. 그 힘으로 외국까지 돌아다니면서 독립운동을 할 수 있었나 봐.

인물 소개

양평에서 태어났어요. 일본에 나라를 빼앗긴 뒤 중국으로 넘어가, 독립운동에 뛰어들었어요. 상해로 찾아오는 독립운동가들을 격려하고 해외에 조선의 상황을 알렸지요. 그러다 일본 경찰에 붙잡혀 3년간 감옥살이를 치렀어요. 그 뒤 조선중앙일보의 사장이 되어 독립운동을 더욱 밀어붙였어요. 해방이 된 뒤에는 조선이 남북으로 갈라지지 않도록 애쓰다 암살*당했어요.

여운형의 이모저모

시대 조선 … 대한 제국 … 일제 강점기 … 대한민국

별명 웅변의 달인

생년월일 1886년 5월 25일에 태어났어요.

호 몽양(夢陽). 태양을 안는 꿈을 꾸고 낳았다 해서 붙여짐

직업 독립운동가, 언론가

★ **암살** 몰래 사람을 죽임

우리가 알아야 할 **여운형** 이야기

신문사 사장님의 재치

1936년 8월, 한 기자가 조선중앙일보 사장실을 찾았어요. 사장 앞에 선 기자는 손에 사진을 들고 말했어요.

"사장님, 손기정 선수가 금메달을 받는 사진입니다."

여운형 사장은 기자가 건넨 사진을 말없이 바라보았어요. 사진 속의 손기정 선수가 입을 굳게 다문 채 서 있었어요. 그의 가슴에는 일장기(일본의 국기)가 새겨져 있었지요.

"우리나라가 독립국이었다면 손 선수의 표정도 밝았을 게야."

여운형의 기분은 3일 전과 비슷했어요. 이른 새벽, 그는 조선중앙일보에 있던 기자들과 함께 박수를 치며 환호했어요.

"만세! 손기정 선수가 금메달을 땄다!"

"우리나라 마라톤 선수가 베를린 올림픽에서 일등을 하다니!"

여운형은 그날 아침 호외*로 이 소식을 내보냈어요. 기쁘면서도 한편으론 쓸쓸한 감정이 밀려왔어요.

'우리 민족이 따낸 영광이 일본에게 돌아가는구나. 아무리 열심히 해도 우리를 짓밟은 놈들을 빛나게 해 주니 손 선수의 마음도 편할 리 없었겠지.'

여운형은 물끄러미 사진을 바라보았어요. 그러다가 머릿속에 무언가가 번뜻

★ **호외** 특별한 일이 있을 때에 임시로 발행하는 신문이나 잡지

스쳤어요.

"박 기자, 이 사진을 크게 실으세. 단, 조금 수정을 거칠 걸세. 우리 민족이 해낸 일이니 정확하게 보도를 해야지."

여운형 사장은 껄껄 웃었어요.

8월 13일 아침, 〈조선중앙일보〉가 전국으로 퍼져 나갔어요. 사람들은 손 선수의 소식을 보기 위해 너나없이 신문을 펼쳐 들었어요.

"와! 손기정 선수다!"

"어라, 그런데 가슴에 일장기가 없네? 무슨 일이지?"

"없으니까 더 좋은데 뭘 그러나."

사람들은 일장기 없는 손기정 선수를 보며 좋아했어요. 여운형도 사람들이 신문을 읽는 모습을 흐뭇하게 지켜보았지요. 옆에서 불안한 얼굴로 기자가 물었어요.

"사장님, 괜찮을까요? 일본이 이 일을 가만두지 않을 텐데요."

"뭐 어떤가. 사진만 살짝 손을 봐서 일장기를 지운 것뿐인데. 손 선수는 일본인이 아니라 우리 조선 사람이지 않은가. 하하하! 우리는 들어가서 마저 일을 하자고."

여운형은 오랜만에 가벼운 마음으로 발걸음을 옮겼어요.

여운형의 업적 이야기

여운형은 뭘 했을까?

> **신분에 얽매이지 않은 양반**

여운형은 경기도 양평군 양서면 신원리 묘곡에서 태어났어요. 그는 양반 출신이었지만 백성들과 스스럼없이 어울려 다녔어요. 게다가 노비의 자식들과 놀고 그 집에서 밥을 얻어먹기도 했어요. 아버지는 이를 몹시 못마땅하게 여겨 아들을 자주 혼냈어요. 하지만 여운형은 오히려 반발심이 일었어요. 모든 사람은 평등하다고 생각했으니까요. 나중에 여운형은 집에 있는 노비 문서를 모두 태워 버리고 노비들을 자유롭게 풀어 주었어요.

> **해외에 자주독립*을 알림**

일본이 조선을 점령하자, 여운형은 중국으로 갔어요. 그는 상해에 자리를 잡고 여러 독립운동가들과 함께했어요. 일본의 눈을 피해 그들이 몰래 오가는 것을 도왔지요. 또 당장은 조선이 일본을 이길 힘이 부족하기에 강대국에 도움을 요청하려고 했어요. 신한청년당을 만들고, 영어를 잘하는 김규식을 파리 평화 회의에 보내서, 우리 조선을 식민지로 만든 일본의 잘못을 세계에 알렸지요.

★ **자주독립** 국가의 문제를 자기 뜻대로 결정할 수 있는 권리를 가지는 것

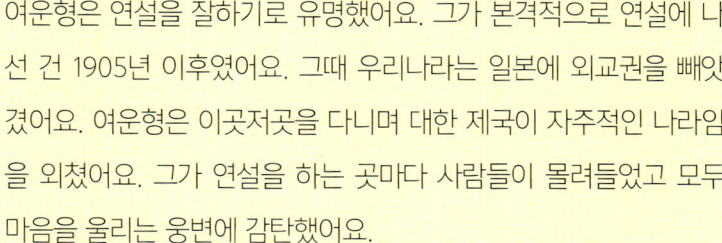

호랑이 굴에 들어간 웅변가

여운형은 연설을 잘하기로 유명했어요. 그가 본격적으로 연설에 나선 건 1905년 이후였어요. 그때 우리나라는 일본에 외교권을 빼앗겼어요. 여운형은 이곳저곳을 다니며 대한 제국이 자주적인 나라임을 외쳤어요. 그가 연설을 하는 곳마다 사람들이 몰려들었고 모두 마음을 울리는 웅변에 감탄했어요.

심지어 여운형의 연설은 일본 사회를 들썩이게 하기도 했어요. 3·1 운동 이후, 세계의 비판을 받은 일본은 여운형을 초대했어요. 그리고 그를 꼬드기려고 했지요. 다른 친일파들처럼, 그에게도 권력을 쥐어 주면 마음을 돌릴 거라고 생각했답니다. 하지만 여운형은 그들 앞에서 조선은 끝까지 자주독립을 할 것이라고 주장했어요. 일본 기자들 앞에서도 그와 같은 내용을 웅변했지요. 이 일은 세계로 퍼져 나갔어요.

신문사의 사장으로서 한 독립운동

여운형은 필리핀, 미국, 중국 등지를 돌아다니며 조선의 비참한 현실과 자주독립을 알리고 다녔어요. 그러다가 붙잡혀 3년간 옥살이를 겪었지요.

감옥에서 나온 여운형은 조선중앙일보 사장이 되어, 과감하게 독립운동을 펼쳤어요. 신문에 친일파를 비판하고 자주독립을 다룬 글을 실었지요. 그리고 전국을 돌아다니며 독립에 관한 연설을 했어요.

1936년 8월 13일, 손기정 선수의 올림픽 사진에서 일장기를 지워 보도한 일 때문에 조선중앙일보는 잠시 신문을 펴낼 수 없었어요. 일본 경찰은 여운형이 사장에서 물러나지 않으면 신문사를 탄압하겠다고 협박했지요. 결국 여운형은 사장에서 물러났어요.

 여운형과 함께 보기

여운형 주위의 사람들

안창호 (1878~1938) 독립운동가·교육자

나는 우리 민족의 힘을 기르기 위해서는 교육이 중요하다고 생각했어. 그래서 교육 활동에 앞장섰지. 물론 독립 협회와 신민회, 흥사단 등에서 활발하게 독립운동도 하였어. 여운형은 1907년 내가 하는 연설을 듣고 감동하여 독립운동에 뛰어들 결심을 했다고 해.

김규식 (1881~1950) 독립운동가

여운형은 나의 독립운동 동지야. 우리는 신한 청년당에서 같이 활동했지. 그와 깊은 이야기를 나누고는 파리 평화 회의에 한국인 대표로 참석했어. 그곳에서 우리 조선을 식민지로 만든 일본의 잘못을 세계에 알렸단다.

파리 평화 회의에 참석한 김규식

손기정 (1912~2002) 베를린 올림픽의 마라톤 금메달리스트

나는 올림픽에 일본 대표로 나가야 해서 망설였어. 그때 여운형 사장님이 "일장기를 달고 가지만, 등에 한반도를 짊어지고 달린다는 것을 잊지 말라."라며 올림픽에 나가라고 권유해 주셨지. 덕분에 나는 한국인 최초로 올림픽에서 금메달을 땄어. 물론 일본 대표로 금메달을 받았다는 사실이 무척 슬펐지만 말이야.

역사 **체험 학습**

양평의 볼거리

소나기 마을

📍 경기도 양평군 서종면

양평에는 소나기 마을이 있어요. 소설가 황순원의 업적을 기리기 위해 세워졌지요.
황순원은 평안남도 출신이에요. 그러다 보니 기념관을 지을 곳이 마땅치 않았어요. 황순원의 제자들은 고민 끝에 대표작인 〈소나기〉에서 양평이 언급되는 것을 떠올렸어요. 주인공 '소년'이 좋아하는 '소녀'가 양평읍으로 이사를 가는 장면이 나오거든요. 그래서 양평에 소나기 마을을 만들었답니다.
소나기 마을에는 〈소나기〉 소설 속 장면을 재연한 공간들이 있어요. 또 그 안에는 황순원 문학관이 있는데, 황순원의 삶과 작품집, 그가 사용했던 물건이 전시되어 있어요.

경·기·도·위·인 | 12

한국 최초의 여성 서양화가
나혜석
근현대 | 1896~1948 | 서양화가

수원은 이런 곳이에요

수원은 경기도의 중심지라고 볼 수 있어요. 경기도 도청이 있고, 2017년도 기준으로 경기도에서 인구도 제일 많아요. 또 옛날부터 농사가 발달해 농업을 연구하는 기관이 많아요. 그런가 하면 반도체 산업도 발달된 곳이지요.

내가 살던 시대는 여자가 차별을 받는 게 당연했어. 하지만 남자와 여자는 같은 인간인데 어떻게 높고 낮음이 있겠니? 나는 예술로 그것을 비판했단다.

인물 소개

한국 여성 화가로서 최초로 개인 전시회를 열었고, 소설을 쓰기도 했어요. 또 여성 인권에 관심이 많아 관련 칼럼을 싣고, 잡지에 만평*을 연재했어요. 남녀평등을 주장하던 나혜석은 당시 차별적 사고를 가진 사람들에게 나쁜 평가를 받았지만, 꿋꿋하게 자신의 길을 나아갔어요. 일제 강점기에 서양식 교육을 받은 대표적인 신여성이자, 남녀 차별에 반대한 페미니스트예요.

나혜석의 이모저모

시대 조선 … 대한 제국 … 일제 강점기 … 대한민국

생년월일 1896년 4월 28일에 태어났어요.

태어난 곳 수원에서 태어났어요.

특기 그림 그리기, 여행하기

직업 화가, 문학가

★ **만평** 시사적인 문제나 인물을 풍자하여 하나의 컷으로 그린 만화

우리가 알아야 할 **나혜석** 이야기

내 삶을 찾을 거야!

나혜석의 업적 이야기

나혜석은 뭘 했을까?

떡잎부터 다른 우등생

나혜석에게는 '최초'라는 말이 여러 번 붙어요. 도쿄 미술 전문학교에 들어간 최초의 조선인 여학생이었고, 조선 최초의 여성 서양화가였어요. 또 우리나라 여성 화가 중 최초로 미술 전시회를 열었지요.

나혜석은 어려서부터 모든 방면에서 뛰어났어요. 특히 그림 그리기에 뛰어난 재능을 보였어요. 막내 오빠 나경석은 이를 눈여겨보다가 여동생을 일본 도쿄의 미술 학교로 유학 보냈어요. 나혜석은 그곳에서 그림을 배우며 자신만의 그림 방법을 터득해 나갔고, 우등으로 졸업했어요.

여성 인권을 온몸으로 외침

나혜석의 아버지는 아들만큼 딸에게 지원을 해 주지 않았어요. 나혜석이 일본 도쿄로 미술 공부를 하려는 것도 반대했지요. 나혜석은 어린 시절 성차별을 경험하며 여성을 억압하는 사회에 대해 깊이 생각하게 되었어요.

어른이 된 나혜석은 잡지에 남성 중심 사회를 비판하는 글과 만평을 냈어요. 최린이라는 사람과의 연애 사건으로 이혼을 당한 뒤에는, 남성은 비판하지 않으면서 여자는 온갖 비난을 받아야 하는 현실이 부당하다고 여겼어요. 그녀는 뿌리 깊은 사회적 편견과 싸우면서 자신의 신념을 지켜 나갔어요.

한국 여성 최초의 서양화가

나혜석은 도쿄의 여자 미술 전문학교에서 서양화를 배우다가 1918년 졸업하고 조국으로 돌아왔어요. 3·1 운동에 참여했다가 1년 동안 정신 여학교에서 미술 교사로 일했지요.

그리고 본격적으로 자신만의 작품 세계를 펼쳐 나갔어요. 1921년엔 서울에서 처음으로 개인 전시회를 열었어요. 무려 5천여 명의 사람들이 나혜석의 전시회를 다녀갔어요. 이때 약 70점의 유화 작품 중에 20점이 팔렸지요.

나혜석의 그림을 향한 열정은 계속 타올랐어요. 그녀는 조선 미술 전람회에 총 18점의 작품을 발표했어요. 외교관인 남편과 세계 여행을 떠났을 때도 프랑스에서 그림 그리는 새로운 방법을 배웠어요.

나혜석이 그린 그림은 안타깝게도 10분의 1 정도밖에 남아 있지 않아요. 게다가 그중 몇 개는 다른 사람이 그렸다는 의심을 받지요. 비록 볼 수 있는 작품은 많지 않지만, 각각의 그림에서 나혜석의 세계관을 엿볼 수 있어요.

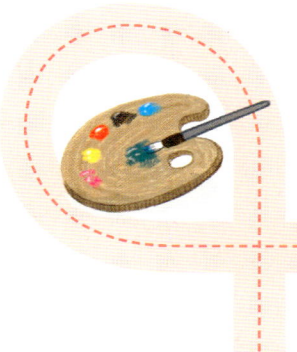

문학에도 뛰어났던 나혜석

나혜석은 문학에서도 다양한 활동을 했어요. 이미 열여덟 살에 여성의 권리를 주장하는 글인 〈이상적인 부인〉을 발표했어요. 그리고 1920년에 여성 문학가와 함께 여성을 위한 잡지 《신여자》를 만들었지요. 다른 잡지에도 여성 인권에 대한 글을 꾸준히 썼어요.

나혜석은 소설도 썼어요. 주로 여성이 자유로운 삶을 찾아야 한다는 메시지를 담았지요. 〈경희〉, 〈회생한 손녀에게〉 같은 작품이 있어요. 문학 잡지 《폐허》에는 〈냇물〉, 〈모래〉와 같은 시도 발표했지요.

나혜석과 함께 보기

나혜석의 작품

나혜석은 여러 방면에서 예술 활동을 했어요. 글과 그림에서 모두 사회적으로 인정을 받았지요. 천재 예술가 나혜석의 작품을 만나 볼까요?

인형의 가(家집 가)

내가 인형을 가지고 놀 때
기뻐하듯
아버지의 딸인 인형으로
남편의 아내 인형으로
그들을 기쁘게 하는
위안물 되도다.
남편과 자식들에게 대한
의무같이
내게는 신성한 의무 있네
나를 사람으로 만드는
사랑의 길로 밟아서
사람이 되고저
　　······

나혜석이 헨리 입센의 작품 《인형의 집》★을 읽고 감동받아 지은 시예요. 여자를 집안에서만 머물게 하던 남성 중심적 사회를 비판해요. 여성 역시 성별을 떠나 자신의 권리를 찾아야 한다는 생각을 알리지요. 이 시는 나혜석 거리에 있는 비석에 새겨져 있어요.

★ 《인형의 집》은 세 아이의 어머니이며 한 남자의 아내였던 노라가 남편의 너무나 비겁한 모습에 반발하여, 아내이며 어머니이기 전에 한 인간으로서 살겠다는 결심을 하고 가출해 버린다는 내용의 희곡이에요.

이혼 고백서★

조선 남자들의 마음과 생각은 이상합니다. 자신은 정조★를 지켜야 한다고 여기지 않으면서 아내에게나 일반 여성에게는 정조를 요구합니다. 또한 다른 여자의 정조를 빼앗으려고 합니다. 그러면 다른 사람을 꾀어낼 때 그가 정조를 지키는 일을 좋아해 주어야 하지 않습니까. 종종 자유로운 여성이 있다면 자신은 그것을 즐기면서 한편으론 흉보고 미워합니다. 이 무슨 부도덕한 짓입니까.

나혜석은 《삼천리》라는 잡지에 〈이혼 고백서〉라는 글을 실었어요. 남편과 이혼하기까지의 과정을 자세히 그리면서 남성 중심적 사회를 비판했지요. 나혜석은 조선 남자들이 여자들과 연애를 할 때 자신을 더 높은 사람이라 여기지 말아야 한다고 했어요. 여자와 남자가 평등한 사이가 되어야 한다고 주장했지요. 당시로선 깜짝 놀랄 이야기였어요. 이 글은 사회를 떠들썩하게 만들었어요.

★ 〈이혼 고백서〉 원문을 쉽게 풀이한 글입니다.
★ **정조** 이성 관계에서 순결을 지니는 일

나혜석의 발자취

수원 나혜석 거리

📍 경기도 수원시 팔달구

나혜석을 기념하기 위해 만들어진 문화 거리예요. 거리에는 나혜석 동상과 그가 썼던 글이 새겨진 비석들이 있어요. 종종 공연과 문화 행사가 펼쳐지는 곳이에요.

수원의 볼거리

수원 화성
📍 경기도 수원시 장안구
♦ 사적 제3호, 유네스코 세계 문화유산

조선 정조 때 지어진 성이에요. 정조는 도읍을 수원으로 옮기기 위해 수원에 화성을 지었어요. 일종의 계획도시인 셈이에요. 화성은 군사적 기능과 경제적 기능을 동시에 갖춘 성이었어요. 거기다 아름답기까지 했지요. 화성은 역사적 가치를 인정받아 유네스코 세계 문화유산에 올랐어요.

수원 화성 박물관
📍 경기도 수원시 팔달구
☎ 031)228-4242

수원 화성을 자세히 알려 주는 박물관이에요. 화성을 짓는 과정부터 지을 때 쓰인 도구, 참여한 사람들까지 낱낱이 전시되어 있어요. 정조 시대를 설명하는 공간도 있지요. 다양한 기획 전시와 어린이를 위한 체험 교육도 진행하고 있답니다.

봉녕사
📍 경기도 수원시 팔달구

1208년 고려 희종 때 지어진 절이에요. 수원에서 가장 오래된 절이지요. 이곳에서 매년 '사찰 음식 대향연'이 열려요. 사찰(절) 음식을 직접 먹어 보거나 만들어 볼 수 있어요.

경·기·도·위·인 | 13

민족의 독립을 노래한 시인

변영로
근현대 | 1898 ~ 1961 | 시인

부천은 이런 곳이에요

부천은 경기도 중서부에 있어요. 문화 사업이 발달한 도시 중 하나이지요. 매년 부천 국제 판타스틱 영화제와 부천 국제 애니메이션 페스티벌이 열려요. 옹기 박물관, 유럽 자기 박물관 등 다양한 주제의 박물관도 있답니다.

인생 별거 있겠어? 자신이 잘하는 일로 재미나게 살면 그만이지. 난 즐기다가도 중요한 날엔 정신을 가다듬고 집중했어.

인물 소개

시인이면서 영문학자였어요. 영어와 글쓰기를 무척 잘했는데, 그는 이 재능을 자신만을 위해 쓰지 않았어요. 3·1 운동 때 독립 선언서를 영어로 번역해 해외로 보냈지요. 또한 일본에 저항하는 시를 남겼어요.

변영로의 이모저모

시대
대한 제국 …
일제 강점기 …
대한민국

직업
시인, 수필가

태어난 곳
서울 가회동에서 태어났어요.

별명
옥토끼

특기
영어 번역하기, 시 쓰기

 우리가 알아야 할 **변영로** 이야기

독립운동가이자 시인인 변영로

오늘은 변영로 선생님을 만나 보겠어요. 선생님의 시는 교과서에 실렸을 만큼 뛰어나답니다. 부천의 위인 변영로 선생님과 이야기를 나눠 볼까요?

 **어린이 역사 기자** 별명이 왜 옥토끼인가요?

 **변영로** 내 얼굴과 피부가 하얬거든. 또 어디로 튈지 모르는 성미가 깡충깡충대는 토끼와 비슷하다고 해서 붙여졌어. 난 확실한 게 좋아서, 좋으면 무진장 좋아하고 싫으면 단호하게 선을 그어 버렸거든. 남들 보기엔 토끼처럼 눈에 튀었나 봐.

 어린이 역사 기자 일제 강점기에 남다른 방법으로 독립운동을 하셨다고 들었어요.

 변영로 그때는 직접 일본에 맞서 싸우는 독립운동가들이 무척 많았어. 나는 그들처럼 폭탄을 들진 않았지. 내가 할 수 있는 방법이 따로 있을 거라고 생각했거든. 난 영어를 꽤 잘했어. 그래서 3·1 운동 때 독립 선언서를 영어로 번역해 해외로 퍼뜨렸단다. 또 민족의식*을 담은 시들을 발표했어. 이러니 일본이 날 마음에 들어 할 리 없지. 내가 낸 시집들이 일본에 의해 못 쓰게 된 적도 있었어. 그땐 마음이 쓰라렸지

★ **민족의식** 자기 민족을 지키고 발전시키려는 의지

만, 다시 돌아간다고 해도 똑같은 내용으로 시를 썼을 거야.

 어린이 역사 기자 학생들에게 인기가 많은 교수님이셨다던데요?

 변영로 스물아홉 살 때였나? 그때 이화 여자 전문학교 교수였거든. 내 시간에는 강의실이 가득 찼어. 영어로 된 시를 읽으려면 골치가 꽤 아팠을 텐데 학생들이 많더라고. 가득 찬 강당에서 학생들이 손에 펜과 수첩을 들고 나를 바라볼 때는 어찌나 떨리던지!

 어린이 역사 기자 자식들에게도 좋은 아버지셨을 것 같아요.

 변영로 난 자식들에게 그렇게 친절하지는 못했어. 애들도 날 닮았는지 영어를 잘 쓰고 그랬는데, 내가 칭찬에 인색한 성격이라서 바로 그 자리에서 예뻐하지 않았어. 그 대신 나중에 애들이 없을 때 아내나 주위 사람들한테 자랑했지. 허허!

 어린이 역사 기자 어떻게 하면 선생님처럼 시를 잘 쓸 수 있을까요?

 변영로 별거 없어. 그저 재미있게 놀고 솔직하면 돼. 나다울 때 나만의 시를 쓸 수 있으니까 말이야. 여러분도 너무 책상에 틀어박히지 말고 밖에서 뛰어놀렴. 참, 나중에 어른이 되어 나처럼 너무 술을 많이 마시지는 말고!

변영로의 업적 이야기

변영로는 뭘 했을까?

변영로는 서울에서 태어났지만 부천에서 어린 시절을 보냈어요. 그의 호는 '수주'예요. 고려 때 부천의 이름에서 따왔지요.

변영로에게는 형이 둘 있는데, 삼 형제가 모두 유명해요. 맏형은 한국 한문학을 대표하는 문인이며, 둘째 형은 국무총리를 지냈지요. 이들 삼 형제는 모두 영어를 잘했고, 문학에도 뛰어났어요. 그래서 변영로와 형제들은 '한국의 삼소(三蘇)'라고 불렸어요. 삼소는 중국 북송 때 유명한 문장가였던 아버지와 아들인 '소순·소식·소철'을 이르는 말이에요.

부천에서 성장한 삼소

독립 선언서를 영어로 번역

변영로는 어려서부터 영어 실력이 뛰어났어요. 1915년에 조선 중앙 기독교 청년회 학교(YMCA)의 영어반에 입학해 3년이 걸릴 공부를 6개월 만에 마쳤지요. 이후 그는 YMCA와 중앙 고등 보통학교에서 영어 선생님으로 학생들을 가르쳤어요. 이렇듯 영어에 아주 뛰어났기에 3·1 독립 선언서를 번역할 수 있었던 거예요.

민족의 혼을 아름답게 노래한 시인

변영로는 1918년 영어 시 〈코스모스〉를 《청춘》에 발표하면서 천재 시인으로 주목을 받았어요. 하지만 제대로 활동하기 시작한 것은 1921년에 《폐허》라는 문학 잡지에 시를 발표하면서였어요.

변영로의 시는 서정적이고 가락이 부드럽다는 평을 받아요. 일제 강점기 때는 우리 민족의 혼을 시에 아름답게 담아냈어요. 그렇지만 시를 많이 쓰지는 않았어요. 1년에 5, 6편 정도의 시를 발표할 뿐이었지요. 그가 남긴 시집은 《조선의 마음》(1924), 《수주시문선》(1959) 두 권이에요. 그중 《조선의 마음》은 일본에 의해 세상에 나오자마자 판매가 금지되었지요.

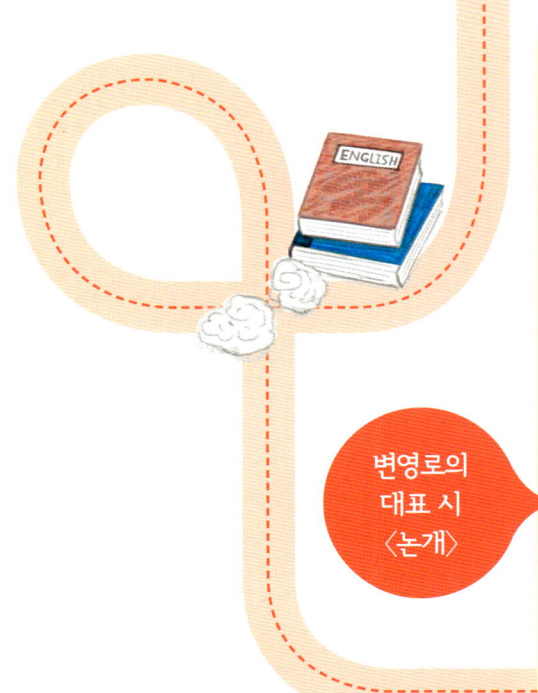

변영로의 대표 시 〈논개〉

변영로의 시 중 가장 유명한 건 1922년에 발표한 〈논개〉예요. 논개는 임진왜란 때 일본 장수를 꾀어내 진주 남강에 몸을 던진 여인이에요. 이 시는 논개의 나라 사랑을 노래함으로써, 일본에 대한 저항 의지를 잘 드러내고 있어요. 함께 읊어 볼까요?

거룩한 분노는/종교보다도 깊고/불붙는 정열은/사랑보다도 강하다/아, 강낭콩꽃보다도 더 푸른/그 물결 위에/양귀비꽃보다도 더 붉은/그 마음 흘러라//아리땁던 그 아미★/높게 흔들리우며/그 석류 속 같은 입술/죽음을 입맞추었네!/아, 강낭콩꽃보다도 더 푸른/그 물결 위에/양귀비꽃보다도 더 붉은/그 마음 흘러라//흐르는 강물은/길이길이 푸르리니/그대의 꽃다운 혼/어이 아니 붉으랴/아, 강낭콩꽃보다도 더 푸른/그 물결 위에/양귀비꽃보다도 더 붉은/그 마음 흘러라!

★ **아미** 아름다운 눈썹을 이르는 말

역사 **체험 학습**

변영로의 발자취

변영로 묘

📍 경기도 부천시 오정구

변영로가 잠든 곳이에요. 그는 1961년 3월 14일 세상을 떠났어요. 그의 가족들도 모두 이 부근에 묻혔지요. 묘지 근처에 '변영로 기념비'가 세워져 있어요.

변영로 동상

📍 경기도 부천시 오정구

변영로 시인의 업적을 기념하기 위해 세워진 동상이에요. 동상 앞에는 변영로의 일대기와 그가 쓴 시 〈봄비〉가 비석에 새겨져 있어요.

부천의 볼거리

아인스월드

📍 경기도 부천시 원미구

세계에서 유명한 탑이나 건물 등의 모형을 전시하고 있는 공원이에요. 전 세계 25개 나라의 유명 건축물과 세계 7대 불가사의, 유네스코 문화유산 등 총 109점이 전시되어 있어요. 주요 모형은 영국의 버킹엄 궁전, 프랑스 에펠탑, 이탈리아 피사의 사탑, 이집트 피라미드, 미국 백악관, 중국 자금성, 한국 불국사 등이에요.

부천을 대표하는 축제

부천에서는 매년 국제 판타스틱 영화제와 애니메이션 페스티벌, 국제 만화 축제가 열려요. 특히 1997년부터 사랑, 환상, 모험을 주제로 매년 7월에 열리는 부천 국제 판타스틱 영화제는 세계인의 영화 축제 한마당으로 자리매김하고 있어요.

부천 국제 판타스틱 영화제

부천 국제 애니메이션 페스티벌

부천 국제 만화 축제

위인 따라 경기도 체험 학습

경기도 위인들의 발자취를 한눈에 살펴보아요.
앞에서 소개한 장소 중 대표적인 곳을 가려 뽑았답니다.

• 파주

❶ 파주 윤관 장군 묘

• 고양

❷ 고양 행주산성

• 양주

❸ 권율 장군 묘

• 의정부

❹ 회룡사

• 구리

❺ 동구릉

• 남양주

❻ 남양주 다산 유적지

• 부천

❼ 변영로 묘, 변영로 동상

• 광명

❽ 충현 박물관

• 성남

❾ 둔촌 이집 묘역

• 광주

❿ 남한산성

⓫ 허난설헌 묘

• 양평

⓬ 소나기 마을

• 여주

⓭ 여주 봉서정

• 용인

⓮ 문정공 조광조 묘 및 신도비, 심곡 서원

더 알아보는 **위인**

우리도 경기도 위인이야!

강희맹 (1424~1483) - 농사책을 쓴 조선 전기의 문신

관련 지역 시흥 | **시대** 조선

강희맹의 집안은 왕실과 인연이 깊어요. 어머니가 세종의 비인 소헌 왕후의 동생이므로, 세종은 강희맹의 이모부가 되며, 세조와는 이종사촌이랍니다. 강희맹은 스물네 살에 문과에 장원 급제하였으며, 문장이 뛰어나 세조 시절부터 성종까지 왕의 아낌을 받았어요. 강희맹의 형은 시, 글씨, 그림에 모두 뛰어난 강희안(1417~1464)이지요. 강희맹과 강희안은 조선 전기의 형제 문장가로 유명해요. 그리고 강희맹은 《금양잡록》이라는 농사에 관한 책을 지은 학자이기도 해요. 그는 쉰두 살에 벼슬에서 물러나 경기도 금양현(지금의 시흥시와 서울 금천구 지역)에 살면서 농사를 지었어요. 이때의 경험과 농부들과의 대화를 토대로 《금양잡록》을 썼지요. 이 책은 당시 경기도의 농업을 살피는 데 매우 중요한 기록이에요.

김정희 (1786~1856) - 추사체를 완성한 조선 후기의 학자

관련 지역 과천 | **시대** 조선

조선 후기 양반집을 대표하는 이름난 집안에서 태어났어요. 어려서부터 신동이라는 소리를 들을 정도로 일찍 글을 깨우쳤고 글씨도 잘 썼다고 해요. 김정희는 명필들의 글씨체를 연구하다 자신만의 독특한 글씨체인 추사체를 만들었어요. 그리고 금속이나 돌에 새겨진 글을 연구하는 금석학에도 업적을 남겼어요. 그는 북한산 순수비가 신라 때 만들어진 진흥왕 순수비임을 밝혀냈답니다. 김정희는 세상을 뜨기 전까지 4년 동안 과천의 과지 초당에서 책을 읽고 제자를 가르치면서 지냈어요. 지금은 과지 초당 옆에 추사 박물관이 있어요.

박문수 (1691~1756) - 조선을 대표하는 훌륭한 어사*

관련 지역 평택 | **시대** 조선

외가인 경기도 진위현(지금의 평택시)에서 태어났어요. 박문수는 어린 시절부터 총명했어요. 영조 때 어사로 활약했는데, 심각한 흉년으로 백성들이 굶주리자 자신의 재산을 기꺼이 내놓았어요. 항상 백성들의 목소리에 귀 기울이며 백성을 위한 길이 무엇일까 고민하고 실천하였어요. 박문수에 대한 인기가 날로 높아져 지금도 어사 하면 가장 먼저 박문수를 떠올리지요.

서희 (942~998) - 고려 시대의 유명한 외교관

관련 지역 이천, 여주 | **시대** 고려

993년 거란이 80만 대군을 이끌고 고려를 쳐들어왔을 때, 서희는 직접 적의 부대를 찾아가 거란의 장수 소손녕을 만났어요. 소손녕이 옛 고구려 땅은 거란의 땅이라면서 내놓으라고 하자, 서희는 고려가 고구려를 이은 나라라고 설득하였어요. 결국 소손녕은 서희의 말을 들어 군대를 물렸지요. 그 뒤 서희는 군대를 이끌고 가, 압록강 동쪽의 여진족을 몰아내고는 성을 쌓아 강동 6주를 세웠어요.

유길준 (1856~1914) - 조선 최초의 일본·미국 유학생

관련 지역 하남 | **시대** 조선 …, 대한 제국 …, 일제 강점기

유길준은 1870년에 박규수를 만나면서 과거 시험을 포기하고 신학문을 공부하기 시작했어요. 박규수는 서양 문물을 받아들이자고 주장하는 개화 사상가였지요. 다른 나라로부터 배워야 한다고 생각한 유길준은 1881~1882년에 일본에서, 1883~1885년에 미국에서 공부를 했어요. 조선 최초의 일본과 미국 유학생이 된 거지요. 조선에 돌아왔을 때 갑신정변*을 일으킨 급진 개

★ **어사** 왕의 명령으로 특별한 임무를 가지고 지방에 보내졌던 임시 벼슬
★ **갑신정변** 1884년에 김옥균, 박영효 등의 급진 개화파가 자신들이 생각하는 개혁 정책을 실행하기 위해 힘으로 권력을 잡으려고 했던 사건

화파로 몰려 7년 동안 갇혀 지냈어요. 이때 미국과 유럽을 여행하면서 보고 느낀 것을 쓴 책이 《서유견문》이랍니다. 하남시에 묘가 있어요.

이희승 (1896~1989) - 우리말과 우리글을 지키고 연구한 국어학자

관련 지역 의왕 | **시대** 조선 ⋯▶ 대한 제국 ⋯▶ 일제 강점기 ⋯▶ 대한민국

경기도 광주군 의왕면(현재 의왕시) 출신으로, 1930년에 조선어 연구회에 들어갔어요. 조선어 연구회는 우리말과 글을 연구하기 위해 만들어진 단체인데, 1931년에 조선어 학회로 이름이 바뀌었어요. 이희승은 1942년에 일어난 '조선어 학회 사건'으로 일본이 망할 때까지 옥살이를 하였어요. 조선어 학회 사건은 일본이 우리말과 글을 없애기 위해 조선어 학회 회원들을 잡아 가둔 사건이지요. 1945년 광복된 뒤 이희승은 서울 대학교 교수로 있으면서 국어학 관련 책을 쓰고, 국어사전을 펴냈어요. 〈딸깍발이〉라는 수필로도 유명해요.

조헌 (1544~1592) - 임진왜란 때 금산에서 싸우다 죽은 의병장

관련 지역 김포 | **시대** 조선

조선 중기의 문신이며 의병장으로, 김포에서 태어났어요. 그는 쓴소리를 아끼지 않는 성격이라 임금인 선조의 미움을 샀지요. 결국 벼슬에서 물러난 조헌은 충청북도 옥천에 내려와서 제자들을 가르쳤어요. 1592년 임진왜란이 일어나자 조헌은 1,600여 명의 의병을 모아서 일본군에 맞섰어요. 그가 이끈 의병군은 충주성을 되찾는 데 성공했지요. 그러나 이후 전라도로 향하는 일본군을 막기 위해 충청남도 금산에서 전투를 벌이다가 700여 의병과 함께 죽음을 맞았어요.

채제공 (1720~1799) - 조선 정조 시대를 대표하는 정승

관련 지역 용인, 안산 | **시대** 조선

조선 제21대 왕인 영조와 제22대 왕인 정조 때 활동한 문신이에요. 특히 정조 때 우의정, 좌의정, 영의정을 맡아 나랏일을 보살폈지요. 당시 시전 상인들만 할 수 있었던 상업 활동을 다른 상

인들에게도 허용하게 한 '신해통공'을 이끈 중심인물이에요. 신해통공으로 시장에서 물건을 자유롭게 사고팔 수 있게 되었지요. 수원 화성을 짓는 공사의 총책임자이기도 했어요. 안산에서 활동하였고, 용인에 묘가 있어요.

최익현 (1833~1906) - 74세의 나이에 의병을 일으킨 의병장

관련 지역 포천 | **시대** 조선 …▸ 대한 제국

포천에서 태어난 최익현은 성격이 곧기로 유명했어요. 1868년 경복궁을 고쳐 짓는 것을 중지해야 한다고 주장하다가 벼슬에서 쫓겨났어요. 1876년에는 강화도 조약*을 격렬히 반대하다가 유배되었지요. 1905년 을사조약에 의해 나라의 외교권을 일본에 강제로 빼앗기자, 최익현은 의병을 일으켰어요. 이때가 일흔이 넘은 나이였어요. 그러나 그는 일본에 체포되어 쓰시마 섬으로 끌려갔어요. 그날부터 적이 주는 음식을 먹을 수 없다며 먹지 않았고, 결국 1906년 11월 17일(양력 1907년 1월 1일)에 세상을 떠났어요. 그는 죽어서야 조국으로 돌아올 수 있었답니다. 그가 이끈 의병 활동은 성공하지는 못했지만, 많은 사람들에게 일본에 저항하려는 의지를 심어 주었어요.

홍계남 (?~?) - 임진왜란 때 활약한 서얼 의병장

관련 지역 수원, 안성 | **시대** 조선

수원 사람으로, 1592년에 임진왜란이 일어나자 아버지 홍언수와 함께 안성에서 의병을 일으켜 싸웠어요. 아버지가 싸우다 죽자 대신 의병을 이끌고 여러 곳에서 승리하였어요. 그 공으로 서얼이라는 차별을 딛고 경기도, 충청도, 경상도 조방장*을 지냈어요.

★ **강화도 조약** 조선과 일본 사이에 맺어진 조약. 군사력을 동원한 일본의 강제로 맺어진 불평등 조약이에요. 이 조약에 따라 당시 조선은 부산 외에 인천, 원산의 두 항구를 개항하게 되었어요.
★ **조방장** 우두머리 장수를 도와서 적의 침입을 방어하는 장수

경기도 위인 찾기

고양
권율 ········ 44

과천
김정희 ········ 128

광명
이원익 ········ 54

광주
허난설헌 ········ 62

구리
이성계 ········ 28

김포
조헌 ········ 130

남양주
정약용 ········ 92

부천
변영로 ········ 118

성남
이집 ········ 18

수원
나혜석 ········ 108

시흥
강희맹 ········ 128

안산
강세황 ········ 81
김홍도 ········ 72
채제공 ········ 130

안성
홍계남 ········ 131

양주
권율 ········ 44

양평
여운형 ········ 100

여주
이집 ········ 18
서희 ········ 129

용인
조광조 ········ 36
채제공 ········ 130

정약용 ········ 92
정조 ········ 82
홍계남 ········ 131

의왕
이희승 ········ 130

의정부
이성계 ········ 28

이천
서희 ········ 129

파주
윤관 ········ 10

평택
박문수 ········ 129

포천
최익현 ········ 131

하남
유길준 ········ 129

화성
정조 ········ 82

사진 출처

국립중앙박물관_ 51p / 천자총통, 현자총통 78p / 〈씨름〉 79p / 〈서당〉 80p / 〈규장각도〉, 〈행려풍속도병〉 중 '놀란 나그네' 86p / 뒤주 98p / 《목민심서》, 《흠흠신서》

문화재청_ 25p / 《둔촌잡영》 51p / 비격진천뢰, 소총통, 승자총통 53p, 126p / 충장사 70p, 126p / 허난설헌 묘 70p / 허난설헌 시비 71p / 현절사, 광주 삼리 구석기 유적

위키피디아_ 43p, 126p / 문정공 조광조 묘 및 신도비, 심곡 서원 106p / 안창호, 김규식, 파리 평화 회의에 참석한 김규식, 손기정

한국관광공사_ 26p, 126p / 둔촌 이집 묘역, 여주 봉서정 27p / 봉국사 사진 3개, 망경암 33p, 126p / 동구릉 35p, 126p / 회룡사 35p / 회룡사 불상 53p, 126p / 권율 장군 묘 61p, 126p / 충현 박물관 61p / 관감당, 오리 이원익 영우 71p, 126p / 남한산성 89p / 정조 효 문화제 사진 2개 91p, 127p / 용주사 91p / 남양 향교 107p, 126p / 소나기 마을 입구 107p / 황순원 문학관, 문학촌 모습 116p, 127p / 수원 나혜석 거리 116p / 나혜석 거리 표지판·동상 117p / 수원 화성 박물관, 봉녕사 125p / 아인스월드, 부천 국제 판타스틱 영화제, 부천 국제 애니메이션 페스티벌, 부천 국제 만화 축제

지학사아르볼은 이 책에 실린 사진들의 출처를 찾기 위해 최선을 다했습니다.
혹시 잘못된 정보가 있다면 연락 주십시오. 다음 쇄를 찍을 때 꼭 수정하겠습니다.